인도의 독립을 위해 물레를 돌리다
간디 자서전

초판 1쇄 발행 2004년 6월 5일 ＼**초판 9쇄 발행** 2022년 5월 20일
원작 모한다스 간디 ＼**글쓴이** 김선희 ＼**그린이** 이정아
펴낸이 이영선
편집 이일규 김선정 김문정 김종훈 이민재 김영아 이현정 차소영 ＼**디자인** 김회량 위수연
독자본부 김일신 정혜영 김연수 김민수 박정래 손미경 김동욱
펴낸곳 파란자전거 ＼**출판등록** 1999년 9월 17일(제406-2005-000048호)
주소 경기도 파주시 광인사길 217(파주출판도시) ＼**전화** (031)955-7470 ＼**팩스** (031)955-7469
홈페이지 www.paja.co.kr ＼**이메일** booksea21@hanmail.net

ⓒ 파란자전거 · 김선희, 2004
ISBN 978-89-89192-35-0 73900

이 도서의 국립중앙도서관 출판예정도서목록(CIP)은 서지정보유통지원시스템 홈페이지(http://seoji.nl.go.kr)와
국가자료공동목록시스템(http://www.nl.go.kr/kolisnet)에서 이용하실 수 있습니다.(CIP제어번호: CIP2011002332)

* 사진을 제공해 주시고 게재를 허락해 주신 분들께 감사드립니다.
* 일부 저작권을 찾지 못한 사진은 확인되는 대로 정해진 절차에 따라 사용료를 지불하겠습니다.

파란자전거는 도서출판 서해문집의 어린이 책 브랜드입니다. 페달을 밟아야 똑바로 나아가는 자전거처럼
파란자전거는 어린이와 청소년이 혼자 힘으로도 바르게 설 수 있도록 도와줍니다.

어린이제품안전특별법에 의한 제품 표시
제조자명 파란자전거 ＼**제조년월** 2022년 5월 ＼**제조국** 대한민국 ＼**사용연령** 만 10세 이상 어린이 제품

파란클래식 01

인도의 독립을 위해 물레를 돌리다

간디 자서전

모한다스 간디 원작 | 김선희 글 | 이정아 그림

글쓴이의 말 ●

간디는 왜 물레를 돌렸을까요

간디는 스스로의 삶을 끊임없는 진리 실험이라 생각했습니다. 자서전의 제목을 '나의 진리 실험 이야기'라고 붙였을 정도이니 어느 정도인지 대충 짐작이 가겠지요? 간디가 자신의 삶을 통해 실험하고자 했던 것은 바로, '진리'와 '비폭력'이라는 도덕적 원칙이었어요. 지금은 조금 어렵게 들릴지도 몰라요. 하지만 이 책을 천천히 읽다 보면, 자연스레 모든 것을 알게 될 거예요.

간디는 영국에 대한 저항운동에 앞장선 사람이었습니다. 그러나 간디도 처음에는 나약하고 겁 많은 작은 소년에 불과했습니다. 그리고 허영심 가득한 아주 평범한 청년에 지나지 않았어요. 그러다가 변호사로서 남아프리카에 첫발을 디디면서 백인들의 차디찬 냉대와 인종차별을 겪고 서서히 변화하기 시작합니다. 사람들은 누구나 겪어 보지 않고는, 당해 보지 않고는 제대로 알 수 없는 아픔이 있습니다. 여자라는 이유로, 가난하다는 이유로 불평등과 모욕을 당하는 것처럼 간디도 피부색이 달라서 겪어야만 하는 냉대와 차별이 뼈에 사무쳤던 것입니다.

그리하여 간디는 스스로 일어나 인도 독립운동을 해 나갑니다. 변호사로서의 편안한 삶 대신 힘든 독립운동가의 길을 선택한 것입니다. 물론 처음엔 영국을 도와야만 살 수 있다고 생각하기도 합니다. 항상 옳게만 생각할 수 없으니 그럴 수도 있겠지요. 그런데 더 중요한 것은 간디의 저항 방법이 철저하게 비폭력적이었다는 것입니다. 간디는 폭력을 사용하는 것은 사람들이 무지하기 때문이라고 했어요. 폭력은 더 큰 악을 가져오며, 폭력은 폭력에 의해서만 유지될 수 있기 때문에 폭력을 중단하면 악을 물리칠 수 있다고 간디는 굳게 믿었어요.

그러나 영국에 맞서 독립운동을 하는 과정에서 간디의 의도와는 다르게 평화적으로 시작된 시위가 가끔 폭력 사태로 번져 나가기도 했습니다. 간디는 사람을 다치게 하거나 불을 지르는 등 옳지 못한 행동을 한 사람들을 엄하게 꾸짖었습니다. 나아가 간디 자신은 참회의 뜻으로 단식을 했습니다.

비폭력은 간디의 사상과 실천의 중심에 자리 잡고 있습니다. 간디는 악에 대한 보답은 악이 아닌 사랑이어야 한다고 생각했습니다.
간디의 비폭력 저항은 영혼에서 우러나온 실천적 행동이었던 것입니다. 때문에 정당하지 못한 정부의 법과 제도에 대해 저항하면서도 간디는 어떠한 처벌도 두려워하지 않았어요. 간디는 평생에 걸쳐 남아프리카 감옥에서는 249일, 인도의 감옥에서는 자그마치 2,089일을 보냈습니다. 간디의 아내 카스투르바이는 불행하게도 감옥에서 숨을 거두기까지 했어요. 그렇지만 간디는 비폭력을 선택한 신념을 후회하지 않았습니다. 간디는 말했습니다.

"폭력에는 더 큰 폭력의 보복이 뒤따를 뿐입니다. 비겁함과 폭력 중에서 어느 쪽을 택하겠느냐고 묻는다면 나는 폭력을 택할 것입니다. 그러나 비폭력이야말로 가장 명예로운 용기입니다. 오른쪽 뺨을 때리는 사람에게 왼쪽 뺨을 내밀고, 그가 옳은 길로 가도록 인도하는 것이 더 숭고하다고 생각하지 않습니까?"

서울 한복판에서 열리는 촛불 시위를 볼 때마다, 나는 간디의 비폭력 저항 정신을 생각하곤 합니다. 옳은 것, 즉 진리를 추구하는 마음과 그것을 지키고자 하는 마음, 또 그것을 평화적으로 실천하고자 하는 아름다운 저항 정신이 우리 안에 살아 있는 것 같아서요. 그 어떤 것보다도 강력하고 숭고한 힘이라고 생각해요.

옳지 않은 일에 침묵하지 않으며 세상을 아름답게 만들 수 있다고 믿는 어린이들과, 함께할 시간이 부족해 늘 미안한 마음뿐인 나의 지호에게 사랑을 담아서…….

2004년 5월 김선희

글쓴이의 말 간디는 왜 물레를 돌렸을까요

|제1부| 《간디 자서전》을 읽기 전에 알아야 할 5가지 _ 13

- ● 위대한 영혼, 간디 _ 14
- ●● 비폭력의 힘 _ 39
- ●●● 카스트와 종교의 벽을 넘기 위한 실천 _ 53
- ●●●● 《간디 자서전》은 어떤 책인가 _ 63
- ●●●●● 《간디 자서전》이 우리에게 미친 영향 _ 66

차례

|제2부| 《간디 자서전》 나의 진리 실험 이야기 _ 73

- 어린 시절 _ 74
- 영국 유학 시절 _ 92
- 인도에서 변호사 개업을 하다 _ 99
- 희망을 품고 남아프리카로 _ 106
- 나탈 인도회의의 탄생 _ 120
- 남아프리카에서의 진리 실험 _ 129
- 인도로 돌아오다 _ 139
- 다시 남아프리카로 _ 146
- 인도에서의 사티아그라하 _ 160

사진으로 본 간디 이야기 _ 168
간디가 태어난 나라 '인도' _ 170
연표 _ 172

| 제1부 |

《간디 자서전》을
읽기 전에 알아야 할 5가지

● 위대한 영혼, 간디

"탕, 탕, 탕!"

1948년 1월 30일 저녁, 세 발의 총알이 마하트마 간디의 심장을 꿰뚫었습니다. 평생 진리를 추구하며, 그 진리를 몸소 실천에 옮겼던 위대한 영혼이 사라지는 순간이었습니다. 그때 그의 나이 일흔아홉이었습니다.

"우리 삶에서 빛이 사라졌습니다. 사방에 어둠뿐입니다. 나는 여러분에게 무슨 말을 해야 할지, 어떻게 말을 해야 할지 모르겠습니다. 우리가 사랑하는 지도자, 우리가 바푸(아버지)라고 부르던 분은 이제 이곳에 계시지 않습니다. 우리는 이제 그분에게 달려가 충고를 구할 수도 위로를 받을 수도 없습니다. 이것은 비단 저뿐만 아니라 이 나라 수많은 사람들에게도 무시무시한 충격입니다."

당시 인도의 총리였던 네루는 슬픔에 가득 찬 목소리로 전 인도인들에게 간디의 죽음을 알렸습니다.

인도에 가면 '마하트마 간디' 거리가 있어요. 거기에 간디의 시신을 화장한 곳이 있는데, 이곳의 이름이 라지가트예요. 라지가트에는 검은빛의 커다랗고 네모난 판이 있고, 그 중앙에 간디가 마지막으로 남긴 '오 신이여!' 라는 말이 새겨져 있습니다.

간디가 암살되자 유엔도 조기를 게양하여 정중하게 애도의 뜻을 나타냈습니다. 인종과 종교, 피부색과 언어가 다른 전 세계의 수많은 사람들이 이 위대한 인물의 죽음을 슬퍼했던 것입니다.

어린 시절의 방황

모한다스 카람찬드 간디는 1869년에 인도의 포르반다르라는 곳에서 태어났습니다. 당시 인도는 영국의 지배를 받고 있었어요. 영국은 '해가 지지 않는 나라' 라고 불릴 정도로 강한 나라였습니다. 세계 곳곳에 식민지가 있어서, 언제라도 '영국 땅'에서 해를 볼 수 있다는 뜻이랍니다. 그런 영국이 인도에 동인도회사를 설립한 후, 인도 전역을 지배하고 있었던 것입니다.

신앙심 깊은 어머니와 너그러운 아버지, 우애 좋은 두 형과 누나, 간디는 그런 단란한 집안의 막내아들이었습니다. 집안도 비교적 부유해 간디는 고등 교육도 받을 수 있었지요. 어린 시절의 간디는 머리나 재능이 뛰어나지는 않았지만 우직하고 효성이 깊었습니다.

고등학교 때의 일입니다. 어느 날 영국인 장학관이 시험을 보겠다며 학생들에게 단어 다섯 개를 받아쓰라고 했습니다. 간디는 주전자라는 뜻을 가

간디는 인도의 포르반다르에서 태어났습니다. 간디의 어린 시절 모습입니다.

오늘날의 인도 지도예요. 간디가 태어났을 당시엔 파키스탄과 방글라데시도 인도에 속해 있었습니다.

•• 동인도 회사가 뭐예요 ••

1800년대에 인도, 아프리카를 비롯한 세계 곳곳에 식민지를 개척하며 영국의 번영을 이끈 빅토리아 여왕

콜럼버스가 아메리카 대륙을 발견하자 스페인, 네덜란드, 영국, 프랑스 등 다른 유럽 국가들도 새로운 땅을 찾아 나섰어요.
세계 개척에 나선 유럽인들은 인도 대륙을 기준으로 하여, 그 동쪽에 위치한 섬들은 '동인도 제도', 콜럼버스가 발견한 아메리카 지역은 '서인도 제도'라고 불렀습니다. 그러므로 당시 '동인도 제도'라 하면 인도, 동남아시아, 중국 등을 두루 일컫는 명칭이었지요. 네덜란드를 비롯한 여러 나라들은 동인도에 무역회사를 세웠습니다. 바로 이러한 무역회사들을 일컬어 동인도회사라고 합니다.
각국의 동인도회사들은 동인도의 특산품인 후추ㆍ커피ㆍ사탕수수ㆍ차ㆍ면포 등의 무역을 둘러싸고 치열하게 경쟁했습니다. 영국의 동인도회사는 프랑스ㆍ네덜란드 동인도회사와의 경쟁에서 승리하여 인도 무역의 대부분을 독점하였습니다. 뿐만 아니라 이를 계기로 인도는 영국의 식민지가 되었습니다.
영국의 지배가 시작되면서부터 인도 땅은 두 가지 유형으로 나뉘었습니다. 하나는 영국의 직접적인 지배를 받는 영국령 인도였고, 또 다른 하나는 인도의 직접적인 지배를 받지는 않았지만 영국의 입김으로부터 자유로울 수 없는 토후국(부족의 우두머리나 실력자가 지배하는 국가)이었습니다.

영국은 중국, 인도, 남아프리카와의 무역을 통해 큰 경제적 이익을 챙겼습니다.

진 'kettle'의 철자를 제대로 쓰지 못했습니다. 간디의 실수를 발견한 담임선생님이 짝꿍의 석판을 보고 고쳐 쓰라고 눈치를 주었지만, 간디는 그렇게 하지 않았답니다.

간디는 힌두교의 전통에 따라 열세 살이라는 어린 나이에 이웃에 사는 카스투르바이와 결혼식을 올렸습니다. 일찍 결혼하는 관습에 따른 것이었지요.

그런데 이 무렵 간디는 '비행 소년'이었습니다. 집안에서 종교적인 이유로 금한 고기도 먹어 보고, 담배도 피우고, 한 번은 자살까지 기도했습니다. 뿐만 아니라 아내를 때리는가 하면 남의 물건에 손을 대기까지 했어요.

하루는 형의 황금팔찌에서 금 한 조각을 떼어 내다 팔았습니다. 간디는 이 일로 심한 죄책감에 사로잡혔습니다. 결국 아버지에게 잘못을 고백하는 편지를 쓰기로 했지요. 간디는 편지에

간디의 어머니 푸틀리바이

간디의 아버지 카바 간디는 간디의 나이 열여섯에 세상을 떠났습니다.

서, 다시는 도둑질하지 않을 것을 맹세하며 자신에게 벌을 내려 달라고 간청했습니다. 그 편지를 본 아버지의 눈에서는 눈물이 흘러내렸습니다. 아버지는 그 자리에서 편지를 찢어 버렸습니다. 그러고는 아무 말씀도 하지 않으셨어요. 이후 간디는 크게 뉘우치고, 올바른 생활을 하기 위해 노력하기 시작합니다.

변호사 복장을 한 젊은 시절의 간디

그러나 간디의 나이 겨우 열여섯에 아버지가 돌아가시고 말았습니다. 아버지가 돌아가시자 가족들은 경제적 어려움에 빠지게 되었습니다. 하지만 형의 도움으로 간디는 영국 유학 길에 오를 수 있었습니다. 그때가 열아홉 살이었습니다.

영국에서 변호사 자격을 얻은 간디는 인도에 돌아와 변호사 사무실을 개업했습니다. 하지만 인도에서의 첫 출발은 그리 순탄치 못했습니다. 그러던 중 인생의 전환점이 찾아왔습니다. 남아프리카에서의 변호사 생활이 바로 그것이었지요.

남아프리카에서 새로운 삶을 시작하다

간디는 '다다 압둘라' 무역회사의 법률고문으로 남아프리카에 첫발을 내딛습니다. 이후 간디는 약 22년간 남아프리카에서 활발한 활동을 전개합니다.

남아프리카는 포르투갈인들을 통해 처음 유럽에 알려졌습니다. 그러다가 네덜란드 동인도회사가 케이프타운에 상륙한 후부터 네덜란드인의 이주가 본격적으로 이루어집니다. 주로 농업과 목축 일을 하던 네덜란드인들은 스스로를 '보어'라고 불렀습니다. 보어라는 말은 네덜란드어로 '농부'를 뜻합니다. 보어인은 200년 이상 남아프리카에서 풍족하게 생활했어요. 그런데 점차 국력이 커지던 영국이 네덜란드를 물리치고 남아프리카에서 세력을 넓혀 나갔습니다. 결국 남아프리카 역시 인도와 마찬가지로 영국의 식민지가 되어 버렸지요. 이로 인해 보어인들은 1830년대부터 내륙으로 이동하게 됩니다.
한편 영국인들은 사탕수수,

차, 커피를 재배하기 위해 인도에서 노동자들을 데려왔어요. 노동자 신분으로 이주해 온 인도인들은, 계약서에 따라 5년 동안 농장을 벗어날 수 없었지요. 그리고 계약 기간이 끝나면 기간을 더 연장하거나, 정부로부터 귀국 뱃삯에 해당하는 만큼의 농토를 받아 자유 노동자로 남아프리카에 남기도 하였습니다.

남아프리카에는 이런 노동자 말고도, 자기 돈으로 뱃삯을 내고 남아프리카로 건너와서 장사를 하는 인도인들도 있었습니다. 또 간디처럼 전문 직업을 가진 사람들도 더러 있었고요. 인도인 자유 노동자나 상인은 검소하게 생활하면서, 영국인이나 보어인보다 싼값에 과일이나 채소를 내다 팔았습니다. 이 때문에 인도인은 점차 백인 농장주나 상인들의 경쟁자가 되었습니다. 그러자 인도인에 대해 여러 가지 제한이 생겨나기 시작했습니다. 인도인을 바라보는 눈길도 매우 부정적으로 바뀌었어요. 그 결과 원래는 농장 노동자들을 일컫던 '쿨리'라는 말이 인도인들을 경멸하는 말로 널

리 사용되었습니다. 그리고 이러한 변화는 결국 인도인에 대한 인종차별 정책으로 굳어지게 되지요.

바로 이러한 상황에서 간디가 남아프리카에 첫발을 내딛게 된 것입니다. 간디는 당시 남아프리카의 상황에 대한 별다른 사전 지식도 없이 단순히 변호사로서의 개인적인 생활을 위해, 그리고 새로운 삶에 대한 희망을 안고 남아프리카 행을 선택했던 것입니다.

간디가 남아프리카에 도착하여 열차를 타고 이동하고 있을 때였습니다. 일등칸을 타고 갔지요. 변호사였으니까요. 그런데 백인 역무원이 다가와 다짜고짜 유색인은 일등칸에 탈 수 없으니 다른 칸으로 가든지, 아니면 열차에서 내리라고 했습니다. 이에 대해 간디는 단호하게 거부의 뜻을 나타냈어요. 그리고 역무원에게 자신이 가지고 있던 일등칸 차표를 꺼내 보여 주었지요. 하지만 역무원은 막무가내였습니다. 결국 역무원은 간디를 강제로 기차 밖으로 내쫓았습니다. 기차 밖으로 쫓겨난 간디는 단지 유색인이라는 이유만으로 그런 모욕적인 대우를 받으면서까지 남아프리카에서 계속 머물러야 하는지 고민합니다. 하지만 고민의 시간은 그리 길지 않았습니다. 간디는 이러한 불합리한 차별 대우 속에서도 한번 버텨보자 마음을 다잡았습니다.

남아프리카에서 맡았던 소송이 그럭저럭 마무리되자 간디는 드디어 인도로 다시 돌아가려 했습니다. 그런데 귀국 송별회에서 우연히 '인도인 선거권 수정 법안'에 대한 신문 기사를 읽게 됩니다. 영국이 직접 통치하는 식민지에 사는 모든 인도인의 선거권을 박탈하는 법을 통과시키려 한다는 내용이었지요.

간디는 자리에서 벌떡 일어났습니다.

"이것은 우리의 관 뚜껑을 닫는 첫 번째 못질입니다. 저들은 우리의 자존심을 송두리째 짓밟고 있습니다."

간디는 인도인 대표단을 영국 정부에 파견하여 항의하자고 주장했습니다. 또한 인도인이 겪는 고통을 당국에 전달하기 위해 조직을 만들 것을 제안했습니다. 졸지에 송별회는 선거권 박탈에 반대하는 모임이 되어 버렸습니다. 물론 인도로 돌아가려던 간디의 계획도 백지화되었지요. 간디의 노력 덕분에 드디어 '나탈 인도회의'가 설립되었습니다. 나탈 인도회의는 남아프리

간디와 나탈 인도회의 구성원들

카에서 만들어진 최초의 인도인 정치 조직입니다. 간디는 이 조직을 바탕으로 인도인의 선거권을 박탈하려는 법안에 반대하는 투쟁을 펼쳤어요.

남아프리카에서 간디는 인도인에 대한 비인간적인 대우를 직접 몸으로 겪고 눈으로 보면서, 이들에 대한 차별 대우를 개선하기 위해 많은 노력을 기울입니다.

영국을 도와야 인도인이 산다

때때로 간디는 인도인을 차별 대우하는 영국인에 대해 자발적으로 협조하는 모습을 보여 주기도 합니다. 그 이유가 무엇일까요? 그것은 바로 영국에 적극 협조하면 남아프리카 인도인들의 지위 또한 개선될 것이라는 믿음이 있었기 때문입니다.

보어전쟁이 일어나자 간디는 자발적으로 전쟁터에 나갔습니다. 간디는 인도인 의무병 자원자들을 모아 부상병을 치료하는 데 온힘을 기울였어요.

보어전쟁은 1899년부터 1902년 사이에 '트란스발' 과 '오렌지 자유주' 에 살던 보어인과 영국 사이에 벌어진 전쟁입니다. 둘째 줄 중앙에 보어전쟁 중 의무병으로 활동했던 간디가 있어요.

줄루족의 반란이 일어났을 때도 마찬가지였습니다. 줄루족은 남아프리카 나탈에 살고 있던 원주민입니다. 간디는 들것을 들고 전쟁터로 나가 부상병들을 돌보았습니다. 어려울 때 영국을 도와주면 영국인들이 나중에 인도인의 지위를 개선해 주리라 믿었던 것이죠. 두 차례나 자원 입대해서 영국을 도운 간디에게, 영국 정부는 훈장을 수여함으로써 그 공적을 높이 평가해 주었습니다.

줄루족의 반란 진압에 공을 세운 사람들에게 준 훈장으로 영국 여왕 빅토리아의 옆모습이 조각되어 있어요.

차별을 없애기 위해 노력하는 간디

간디는 남아프리카 인도인들이 전쟁이라는 어려운 상황에서 영국인들을 도와주었기 때문에 전쟁이 끝나면 당연히 인도인들의 지위도 나아질 것이라고 믿었습니다. 하지만 보어전쟁이 끝난 이후에도 인도인에 대한 차별 대우는 전혀 나아지지 않았어요. 오히려 영국인은 인도인을 더욱 억압하는 법을 만들려고 했지요.

여덟 살이 넘은 모든 인도인은 남녀노소를 막론하고 지문을 날인하고 등록증을 받아야 한다는 것이 새로운 법의 내용이었습니다. 그 법에 따르면, 인도인은 등록증을 항상 몸에 지니고 다녀야 했습니다. 길을 가다가도 경찰관이 등록증 제시를 요구하면 반드시 보여 주어야만 했지요. 만약 등록증을 제시하지 못하면 처벌을 받게 되어 있었습니다.

간디를 비롯한 인도인들은 이 법이 공포되는 것을 막고자 했습니다. 그래서 영국에 직접 자신들의 입장을 전달하기로 결정했습니다. 이 일로 신출내기 변호사가 되어 영국 땅을 떠난 지 15년 만에, 간디는 남아프리카 인도인 대표의 자격으로 다시 영국에 갑니다. 영국에 도착한 간디는, 남아프리카에 살고 있는 인도인들이 영국 백성으로서 정당한 대우를 받아야 한다고 주장했습니다. 당시 식민지 차관으로 있던 윈스턴 처칠과도 만났습니다. 하지만 간디의 영국 방문은 별다른 성과를 얻지 못했습니다.

윈스턴 처칠은 영국의 뛰어난 정치가로, 2차 세계대전 때 영국 총리로서 전쟁을 지휘했습니다. 또 글을 잘 써서 노벨문학상을 수상하기도 했어요.

결국 새 법은 제정되었습니다. 간디는 이 법을 '검은 법'이라고 비난하며, 감옥에 갇히면서까지 끝까지 싸웠습니다. 간디의 이러한 투쟁을 '사티아그라하(비폭력 저항)'라고 합니다.

간디는 계속해서 인도인들에 대한 차별 대우를 개선하기 위해 많은 노력을 기울입니다. 간디가 주도한 사티아그라하는 그로부터 약 8년 동안 인두세를 비롯한 여러 가지 차별적인 법안들에 반대하며 지속되었고, 남아프리카의 여러 지역으로 급속히 퍼져 나갔습니다.

특히 1913년에 간디가 주도한 나탈에서 트란스발까지의 행진은 전세계의 이목을 집중시키기에 충분했습니다. 이에 남아프리카 당국은 간디를 포함한 행진 참가자 4,000명을 급히 체포하였습니다. 하지만 전 세계 사람들이 악법을 반대하는 간디의 행동을 지지했고, 결국 영국은 인도인에 대한 차별법을 폐지하였습니다. 비폭력 저항이 거둔 빛나는 승리였던 것입니다!

비폭력 저항이 큰 성과를 거둔 후 간디는 22년간 살았던 남아프리카를 떠나 조국 인도로 돌아갑니다. 남아프리카에서의 비폭력 저항으로 인해 이미 간디의 이름은 인도 전역에 널리 알려져 있었지요. 그때 간디의 나이 마흔 여섯이었습니다.

•• '사티아그라하' 가 무슨 뜻이에요 ••

인도인의 자유를 제한하는, 인도인 등록증 관련 법안이 통과되자 '수동적 저항 연합'을 결성하여 등록을 거부하는 운동을 펼칩니다. 인도인에 대한 차별적 법률이 결국에는 인도인들을 남아프리카로부터 추방하는 결과를 가져올 것이라고 우려하였기 때문입니다. 등록 거부 투쟁이 전개되는 과정에서 간디는 '수동적 저항' 이라는 말이 적절하지 못하다고 판단하였습니다. 그래서 운동의 명칭을 현상 공모합니다. 이 과정에서 만들어진 용어가 '사티아그라하' 입니다.

1913년 간디는 인도인에 대한 차별적 법률에 저항하는 뜻으로 사람들을 이끌고 나탈에서 트란스발까지 행진했습니다.

사티아그라하는 진리를 의미하는 '사티아' 와 굳건함을 의미하는 '그라하' 의 합성어입니다. 진리는 사랑을 포함하며, 굳건함은 힘을 불러일으킵니다. 즉 사티아그라하는 '진리의 힘' 또는 '사랑의 힘' 을 뜻합니다. 영어권에서는 일반적으로 사티아그라하를 '비폭력 저항' 으로 표현합니다.

자신의 뜻을 알리기 위해 단식 투쟁을 하거나 평화적인 촛불 시위 등을 벌이는 것, 최근에 환경 보호를 위해 종교 지도자들이 3보1배를 한 것 등이 모두 사티아그라하의 예라 할 수 있습니다.

•• 간디가 떠난 후, 남아프리카는 어떻게 되었을까요 ••

아파르트헤이트 정책에 대한 흑인들의 저항 운동과 이를 탄압하는 백인들

간디가 남아프리카에서 활동하고 있던 1910년에 케이프, 나탈, 트란스발, 오렌지 자유주 등 4개 지역이 합쳐져서 '남아프리카 연방'이 새롭게 출범합니다. 그 당시 남아프리카 연방은 대영제국에 속한 자치령(국가의 일부분으로, 광범위한 자치권을 얻어 중앙 정부의 간섭을 받지 않는 영토)이었지요. 이후 남아프리카 연방의 정치는 줄곧 보어인들이 주도하게 됩니다.
이미 수천 년 전부터 아프리카 흑인들이 남아프리카에 살아 왔건만 보어인은 흑인을 차별했습니다.
1948년에 보어인이 중심이 된 '국민당'이 집권하면서 인종차별 정책은 더욱 노골적으로 전개되었지요. 국민당은 분리(격리)라는 뜻의 '아파르트헤이트(Apartheid)'를 정책으로 내세웠습니다. 아파르트헤이트는 흑인에 대한 단순한 차별을 넘어, 정치 · 경제 · 사회 · 문화 등 모든 분야에서 백인과 흑인을 완전히 분리시킨다는 목표를 지니고 있었지요.
국민당 정부는 1961년에 헌법을 개정하고 영국 연방에서 탈퇴하였습니다. 이것이 오늘날의 '남아프리카공화국'입니다.
한편 인종차별 정책에 대한 흑인들의 저항도 만만치 않았습니다. 그 대표적인 인물이 바로 넬슨 만델라입니다. 아파르트헤이트에 대한 만델라의 저항 운동은 간디의 사티아그라하로부터 커다란 영감을 받았다고 합니다.
만델라는 1962년부터 1990년까지 오랫동안 감옥 생활을 하면서도 뜻을 꺾지 않았습니다. 그는 곧 흑인들의 희망이자 세계의 양심으로 떠올랐지요. 만델라는 1991년 '아프리카 민족회의' 의장으로 선출된 뒤 백인 정부와 협상을 벌여 백인과 흑인 간의 분쟁을 끝냈습니다. 이러한 공로로 1993년에는 노벨평화상을 받기도 했어요. 1994년 남아프리카에서는 공화국 최초로 흑인이 참여한 자유총선거가 이루어졌고 의회에서 만델라는 대통령으로 선출됩니다. 만델라가 역경을 딛고 대통령이 될 수 있었던 것은 흑인과 백인의 화해와 용서를 호소했기 때문입니다. 현재 남아프리카 공화국은 음베키가 대통령으로 있는데, 그 역시 흑인과 백인의 화해 협력 정책을 열심히 실천하고 있습니다.

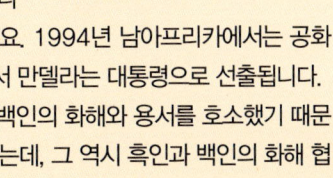

만델라 대통령

노벨평화상 메달

인도로 돌아온 간디

간디가 남아프리카를 떠나 조국으로 돌아왔을 때, 인도의 상황은 남아프리카와 별반 다를 것이 없었습니다. 1914년 제1차 세계대전이 발발하자 대부분의 사람들은 영국이 전쟁을 치르고 있는 것을 기회로, 먼저 영국에 인도인의 지위를 개선해 줄 것을 강력하게 요구하자고 주장했습니다.

하지만 간디는 먼저 곤경에 처한 영국을 도와야 한다고 생각했습니다. 인도인들이 영국을 위해 희생하는 모습을 보여 준다면, 영국인들도 인도인에 대한 차별 대우를 그만둘 것이라고 생각했던 겁니다.

간디는 영국을 도울 지원병 모집에 나섰습니다. 하지만 몸이 아파 열심히 활동하지 못한 데다 반대하는 목소리도 높아서 지원병 모집은 큰 성과를 거두지 못했어요. 대신 인도 정규군과 토후국이 파견한 대규모 부대가 영국을 도와 전쟁에 참여했습니다.

그러나 이러한 인도인들의 적극적인 도움에 대해 영국은 '빵'이 아니라 '돌멩이'로 보답했어요. 영국은 새로운 악법을 만들어 인도의 민족운동을 탄압하려고 했으니까요. 간디는 크게 분노했습니다. 하지만 간디는 폭력을 동원해 영국에 맞서려는 사람들을 설득해 '비폭력 저항'을 합니다.

남아프리카에서 그랬듯이 간디는 전국적으로 사티아그라하를 주도합니다.

또 인도 독립을 위해 활발한 활동을 벌이던 '인도 국민회의'에도 적극 참여합니다. 인도 국민회의 안에는 다양한 입장을 지닌 사람들이 있었고, 이들 사이에서 종종 다툼이 벌어지기도 했습니다. 그러나 조용히, 하지만 단호하게 비

타고르와 함께한 간디

폭력 저항을 실천에 옮기는 간디의 모습에 감동한 사람들은 너나없이 간디를 따랐지요. 노벨문학상을 수상한 인도의 위대한 시인 타고르는 이러한 간디의 모습을 보고 '마하트마'라고 칭송하였습니다. 마하트마란 '위대한 영혼'이라는 뜻으로, 이후 간디는 '마하트마 간디'라 불렸습니다.

분열의 씨앗

간디를 중심으로 이루어진 인도인들의 민족운동 덕분에, 인도 독립의 꿈은 차츰 눈앞으로 다가왔습니다. 그러나 우리나라가 일본으로부터의 해방 이후 남과 북으로 쪼개졌듯이, 인도 또한 두 나라로 갈리는 비극을 겪게 됩니다.

영국의 지배를 받던 식민지 시절, 간디와 네루가 인도 국민회의를 이끄는 동안 진나는 '이슬람 동맹'의 의장으로 활동했습니다. 그런데 인도 국민회

•• 네루와 진나는 누굴까요 ••

네루(1889~1964)는 브라만 가문 출신으로, 영국의 케임브리지 대학에서 유학한 엘리트입니다. 간디를 통해 인도 국민회의와 인연을 맺은 네루는, 1920년대 사티아그라하에 참여하면서 본격적으로 정치 활동을 시작했습니다. 네루는 인도 독립운동을 하면서 9년간이나 감옥 생활을 하기도 했어요. 이때 그의 딸에게 편지로, 세계 역사를 써 보냈는데 이것이 《세계사 편력》이라는 유명한 역사책이에요. 인도가 파키스탄과 인도로 분리, 독립한 후 네루는 인도 총리가 됩니다. 그는 민주적이고 솔직한 태도로 인도의 '국가 개발 계획'을 잘 이끕니다. 그의 외동딸 인디라 간디도 훗날 인도 총리가 됩니다.

네루

진나(1876~1949)는 이슬람교도로 처음에는 인도 국민회의에서 활동하며, 인도 국민회의와 이슬람 동맹의 화합을 주선했습니다. 그러나 인도 국민회의가 간디를 중심으로 사티아그라하를 전개하자 이에 반대하여 독자적인 길을 걷습니다. 진나는 간디가 지나치게 힌두교 중심적이라고 비판했어요. 그는 힌두교와 이슬람교는 근본적으로 다른 문명이며, 두 종교도가 하나의 국가에 공존할 경우 다수인 힌두교도가 소수인 이슬람교도를 지배할 것이고, 그렇게 되면 소수의 불만은 커져서 결국 국가가 붕괴될 것이라고 생각했습니다. 훗날 진나는 파키스탄의 초대 대통령이 됩니다.

진나

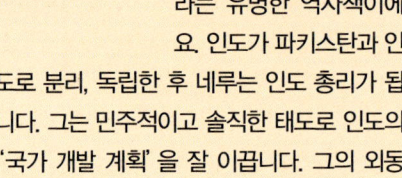

하나더 힌두교와 이슬람교

힌두교는 인도에서 고대부터 전해 내려온 바라문교가 인도의 민간신앙과 불교 등의 영향을 받아 발전한 종교로, 인도 사람들이 가장 많이 믿는 종교입니다. 힌두교의 근본 경전은 『베다』와 『우파니샤드』이며, 카스트 제도에 따라 사람을 엄격하게 4계급으로 나누어 계급에 따른 각자의 의무 수행을 강조합니다.

이슬람교는 본래 600년대 초 아라비아의 예언자 무하마드가 완성시킨 종교로 그리스도교, 불교와 함께 세계 3대 종교의 하나입니다. 인도에는 10세기경에 전해졌습니다. 이슬람교의 특징은 전능한 신 '알라' 만을 유일한 신으로 믿는다는 것이며, 알라의 계시를 모은 『꾸란』이 경전입니다.

의와 이슬람 동맹은 별로 사이가 좋지 않았습니다. 힌두교도가 중심이 된 인도 국민회의와 이슬람교를 신봉하는 이슬람 동맹은, 똑같이 독립을 위해 영국에 대항했으면서도 종교적인 이유로 서로를 배척했지요. 둘 사이의 불화는 이후 인도의 분열을 낳는 불씨가 되었습니다. 이슬람 동맹 내부에서는 이슬람이 힌두교도의 지배 아래서 고통과 멸시를 받으며 살아가느니, 차라리 영국의 통치를 계속 받는 편이 더 나을 것이라는 주장도 있었습니다. 한발 더 나아가 이슬람교도를 위한 새로운 국가, 즉 '파키스탄'을 세우자고 주장하는 사람들도 생겨나기 시작했지요.

독립은 했지만 나라는 둘로 쪼개지고

일본의 항복으로 제2차 세계대전이 끝나고, 영국에서는 처칠의 뒤를 이어 새로운 정부가 들어섰습니다. 새 정부는 인도 자치정부를 승인하겠다고 발표합니다. 인도의 독립이 눈앞으로 다가온 거예요!

이렇게 되자 힌두교도와 이슬람교도 사이에서, '파키스탄'이라는 국가 건설 문제를 놓고 협상이 벌어졌습니다. 이것은 힌두교와 이슬람교의 화해를 원했던 간디의 소망과는 거리가 먼 일이었어요. 더구나 이 과정에서 힌두교도와 이슬람교도 사이에는 폭력 사태가 끊이지 않았습니다. 그 중에서도 벵골 지역에서의 유혈 사태가 가장 끔찍했어요. 그동안 간디와 함께 비폭력 저항 운동을 했던 사람들조차, 이제는 폭력을 쓸 수밖에 없다고 인정하기에 이르렀습니다. 하지만 간디는 폭력을 옹호하는 주장에는 끝까지 동의하지 않았어요.

간디는 폭력 사태가 발생한 지역으로 달려갔습니다. 피해자들을 위로하고, 가해자들에게는 따끔한 충고의 말을 잊지 않았지요. 이때 간디의 나이는 일흔일곱이었습니다. 늙고 지친 노인이 두 달 내내 40개가 넘는 마을을 찾아가 피해자들을 위로하는 강행군을 펼쳤던 것이지요. 간디의 이러한 노력으로 인해 벵골과 캘커타에도 잠시나마 평화가 찾아옵니다.

하지만 인도와 파키스탄의 분리가 확실해지는 1947년 여름이 되면서, 인도 국민회의와 일반 대중에 대한 간디의 영향력은 크게 줄어들었습니다. 간디는 욕설과 증오가 가득한 편지를 받기도 했습니다. 힌두교도들은 간디가 이슬람을 편든다고 비난하는 편지를 보냈습니다. 그들은 간디를 '무하마드 간디' 등으로 부르기도 하였지요. 무하마드란 이슬람교를 완성한 예언자를 지칭하는 말입니다. 즉, 간디가 이슬람 편이라는 뜻이 함축되어 있었던 것

벵골 유혈 사태 때 피해자들을 찾아가는 간디

이지요.

반면, 이슬람교도들은 파키스탄 건국을 방해하지 말라는 편지를 보냈습니다. 이제 인도는 더 이상 간디의 평화와 형제애, 비폭력에 대한 호소를 받아들이지 않았던 것입니다.

간디는 슬픔과 불길한 예감 속에서 생의 마지막 나날을 보내게 됩니다. 자신이 소중히 여기던 가치가 처참하게 무너지는 모습을 보아야만 했으니까요. 간디의 기도회는 늘 성황을 이루었지만, 간디는 종종 "간디에게 죽음을!"이라고 외치는 소리를 들어야만 했습니다.

1947년 8월 15일, 인도가 마침내 영국으로부터 독립하였습니다. 수많은 인도인들이 독립을 기뻐했습니다. 하지만 이것은 완전한 독립이 아니었습니다. 파키스탄과의 분리, 독립이었으니까요. 네루는 델리에서 인도 초대 총리로 취임하였고, 진나는 카라치에서 파키스탄 초대 대통령의 자리에 올랐습니다.

간디가 그토록 간절히 원했던 힌두교도와 이슬람교도의 화해는 이루어지지 않았

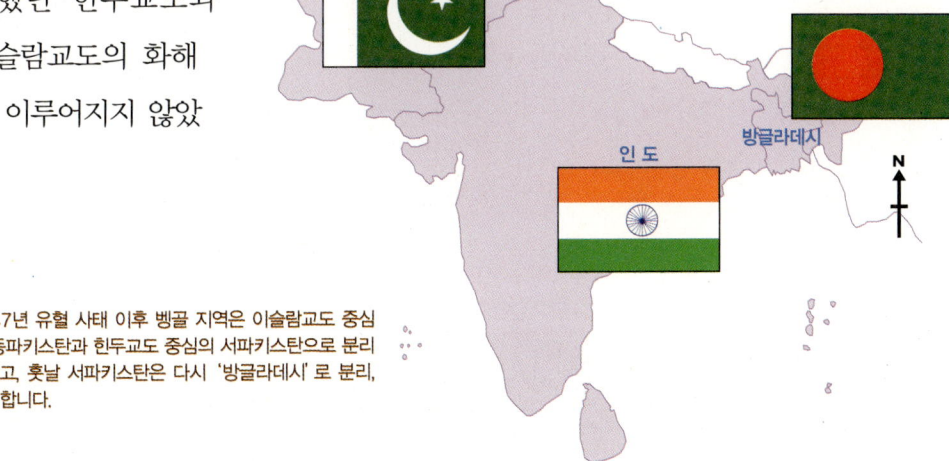

1947년 유혈 사태 이후 벵골 지역은 이슬람교도 중심의 동파키스탄과 힌두교도 중심의 서파키스탄으로 분리되었고, 훗날 서파키스탄은 다시 '방글라데시'로 분리, 독립합니다.

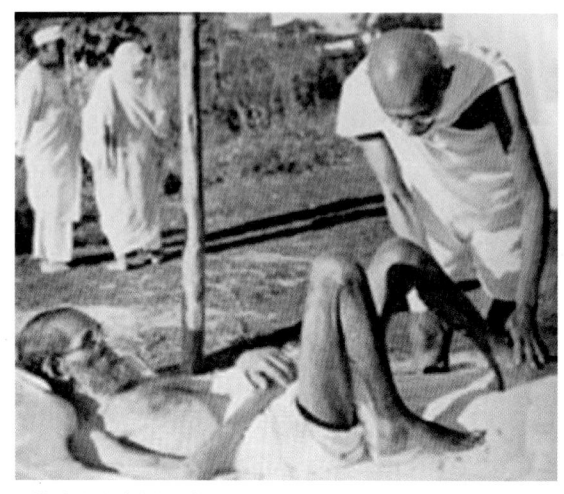
유혈 사태 때 피해자를 위로하는 간디

고, 종교적 갈등은 더욱 심해져 폭력이 난무했습니다. 인도와 파키스탄 사이에 국경선이 그어지면서, 인구의 대이동이 시작되었지요. 이 과정에서 참혹한 유혈 사태가 발생했습니다. 이슬람 지역에 살고 있던 힌두교도들은 그곳에서 도망쳐 나왔습니다. 마찬가지로 힌두교 지역에 살고 있던 이슬람교도들도 정들었던 보금자리를 떠나야만 했습니다. 이 과정에서 수백만 명에 달하는 사람들이 목숨을 잃었습니다.

간디는 힌두교도와 이슬람교도 사이에 싸움과 학살과 고통이 지속되는 수개월 동안 인도 독립을 축하하는 어떠한 자리에도 참석하지 않았습니다. 대신 도시와 촌락을 돌아다니며 폭력을 뿌리 뽑기 위한 활동을 계속했어요. 간디가 가는 곳마다 주민들은 간디를 진심으로 맞이했습니다. 하지만 안타깝게도 간디가 떠나고 나면 또다시 파괴와 폭력이 난무하는 아수라장으로 변해 버리곤 했습니다.

간디의 최후

간디가 그처럼 간절히 원하던 인도의 독립이 실현되었지만, 독립 인도에는 평화와 사랑이 아니라 전쟁과 미움만이 가득했습니다.
"인도에서 나는 이미 쓸모없는 사람이 되어 버렸다. 나는 오래오래 살고 싶었다. 하지만 이제 단념한다. 만일 인도가 내란의 큰 물결 속에 휩쓸려 버린다면, 나는 더 이상 살고 싶지 않다. 인도는 지금 세계의 웃음거리가 되려고 한다."
간디는 자신의 목숨을 걸고 신에게 기도했어요. 힌두교도와 이슬람교도와의 싸움의 불길을 끌 수 있는 힘을 주시든가, 아니면 차라리 자신을 이 세상에서 떠나게 해 달라고 말이죠.

1948년 1월 30일, 간디는 저녁 기도회에 가는 길이었습니다.
"탕, 탕, 탕!"
세 발의 총성이 울려 퍼졌습니다.

생전에 꼬박꼬박 기도 모임을 가졌던 간디

첫 번째 총알은 간디의 아랫배에, 두 번째와 세 번째 총알은 가슴에 박혔습니다. 신의 이름을 부르며 간디는 마지막 숨을 거두었습니다.

인도와 파키스탄이 분열된 것은 모두 간디의 잘못 때문이라고 믿은 한 급진파 힌두교도가 간디를 죽이고 만 거예요.

평생 진리 탐구와 비폭력을 위해 헌신해 온 간디는 폭력에 의해 이렇게 쓰러졌습니다. 간디의 나이 일흔아홉이었고, 인도가 영국으로부터 독립한 지 고작 5개월밖에 지나지 않은 때였습니다.

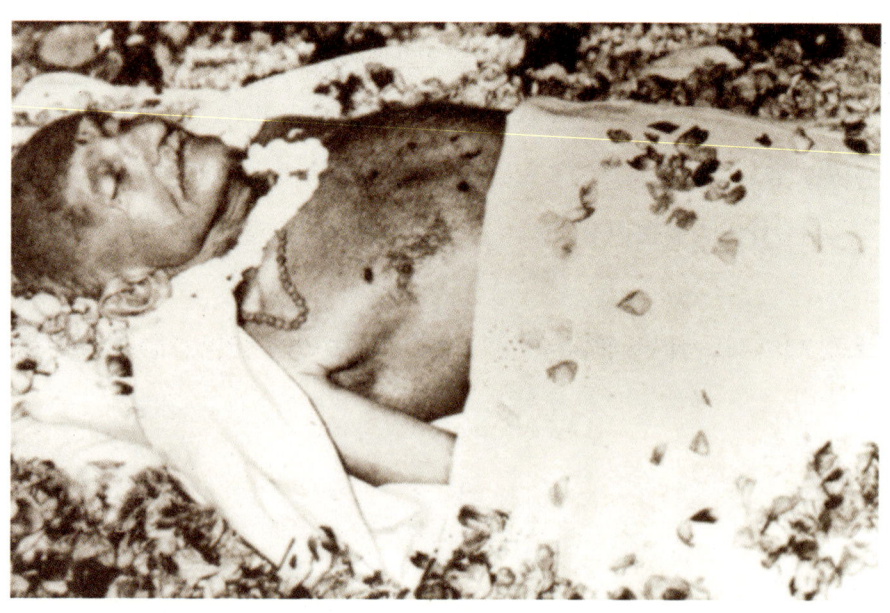

비폭력의 힘

간디는 남아프리카에서의 성공적인 비폭력 저항을 끝낸 후 인도로 돌아왔습니다. 그러나 곧 제1차 세계대전이 발발하여 영국이 전쟁에 참여하자 영국을 돕는 데 앞장서기로 합니다. 남아프리카에서의 경험에도 불구하고 여전히 영국인들을 믿고 있었던 것이지요. 더구나 영국은 인도가 자신들을 도와주면 인도인이 직접 인도를 다스릴 수 있는 자치권을 주겠다고 공언했습니다. 간디는 그 말을 믿고 지원병 모집에 나섰습니다. 하지만 지원병은 거의 모이지 않았습니다. 뿐만 아니라 간디는 과로와 영양 부족으로 몸이 몹시 약해져서 활발한 활동을 할 수 없었습니다.

간디의 지원병 모집 운동은 별 효과를 거두지 못했지만, 인도 정규군과 토

제1차 세계대전이 끝나고, 국제관계를 확정하는 베르사유 조약 체결을 위해 모인 각국의 정상들. 왼쪽부터 영국의 데이비드 조지 로이드, 이탈리아의 비토리오 오를란도, 프랑스의 조르주 클레망소, 미국의 우드로 윌슨.

후국들이 파견한 대규모 부대는 영국이 전쟁을 수행하는 데 큰 힘이 되었습니다. 인도는 200만의 병력을 프랑스, 이집트, 이라크 등지로 파견하였습니다. 또한 3억 파운드의 군사비를 제공하여 영국을 적극 도와주었습니다. 그러나 영국은 전쟁이 끝난 후에 인도에 자치권을 주겠다는 약속을 지키지 않았습니다. 더구나 인도인의 저항을 예상하고, 이를 막기 위한 방법을 궁리했어요. 그래서 만든 것이 '시드니 롤라트'를 위원장으로 한 조사위원회였습니다. 위원회는 인도의 치안을 조사하고, 인도의 민족운동을 탄압하기 위한 새로운 법안을 준비하였습니다. 이렇게 해서 만들어진 법이 롤라트 위원장의 이름을 딴 '롤라트 법' 입니다. 이 법에 따르면 구속영장 없이도 사람을 체포할 수 있고, 재판 없이도 감옥에 가둘 수 있었습니다. 영국의 지배에 반대하는 인도인들을 아무 때나 맘대로 잡아 가두려는 속셈이었던 거지요.

•• '암리차르 대학살' 과 시드니 롤라트 ••

암리차르는 오늘날의 파키스탄과 맞닿아 있는 펀자브 지방에 위치한 도시입니다. 암리차르 대학살이란 롤라트 법에 반대하는 간디의 사티아그라하가 전개되고 있던 1919년 4월 13일에 발생한 비극적인 사건을 말합니다. 당시 암리차르에서는 봄 축제가 열리고 있었습니다. 평화적 시위를 위해 모인 사람들에게 군대가 해산명령을 내렸습니다. 그리고 곧바로 무차별적인 총격이 있었지요. 빗발처럼 쏟아지는 총탄에 맞아 379명이 사망하고, 1,137명이 부상당했습니다. 펀자브 지방에는 계엄령이 내려졌고, 암리차르에서의 학살 소식은 오랫동안 비밀에 부쳐졌어요.

간디를 비롯한 인도인들이 사건의 진상을 제대로 알게 된 것은 대학살이 발생하고 나서도 몇 달이 지난 후였습니다. 대학살이 발생한 후, 조사위원회가 구성되어 사건의 진상을 조사했습니다. 하지만 어느 누구도 이 비극적인 대량학살에 대한 책임을 지지 않았습니다. 진상조사 보고서에서는 군 책임자였던 다이어 장군의 실수를 인정하였지만, 그에게서 지휘권을 박탈하는 것으로 사건을 마무리 지으려 하였어요. 더욱이 영국 상원은 그 많은 사람들을 죽인 다이어 장군에게 '영웅적 헌신'에 보답한다며 장려금을 지급하고, 보석으로 장식된 칼을 선물했다고 합니다.

인도인은 축제 때 서로에게 물(성수)을 뿌리는 행사를 해요

'암리차르 대학살' 때 순교한 이들을 잊지 말자는 뜻으로 세워진 암리차르 기념탑

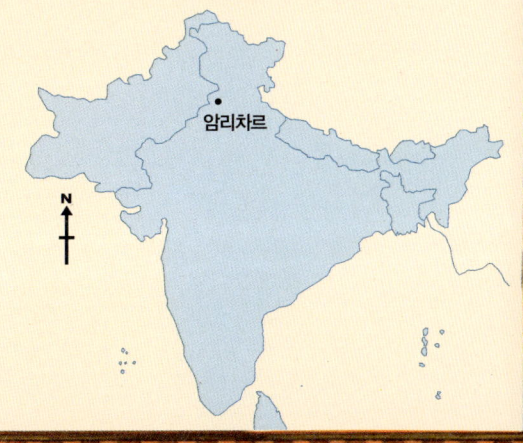

간디는 곧바로 이 법안을 철회할 것을 요구했습니다. 또한 사람들에게 악법을 무시하고 자진해서 감옥에 들어갈 것을 호소했습니다. 1919년 4월 6일을 사티아그라하의 날로 정하고 전국적인 동맹 파업을 주도했습니다. 사티아그라하는 뭄바이에서 델리로, 벵골에서 펀자브로 확산되었습니다. 그런데 그 과정에서 몇몇 지역에 큰 폭동이 발생하였어요. 정부는 군대를 동원해 강경 진압에 나섰고, 마침내 '암리차르 대학살'이라는 비극을 낳게 됩니다.

암리차르 대학살은 간디에게 큰 충격을 주었습니다. 그때까지 영국에 걸었던 모든 희망이 산산조각 나는 순간이었습니다. 간디는 1차 세계대전이 끝나면 영국인들의 태도 또한 바뀔 것으로 낙관하고 있었지요. 하지만 이러한 낙관은 차별적인 법안과 대학살이라는 비극 앞에 무참히 무너지고 말았습니다.

감옥으로 걸어 들어가는 사람들

간디는 롤라트 법과 암리차르 대학살을 인도에 대한 커다란 모욕이라고 생각했습니다. 그리고 더 이상 영국에 충성하지 않기로 결심합니다. 간디는 남아프리카에서 받았던 훈장을 반납했습니다. 그리고 영국에 대한 직접적인 반대에 초점을 맞추어 비폭력 저항을 강력하게 전개했어요.

당시 인도에는 인도 국민회의라는 단체가 활동하고 있었어요. 간디도 이 단체에 참여합니다. 많은 인도인들은 간디가 자신들을 지도해 주기를 간절히 원했고, 인도 국민회의의 온건파와 과격파 모두 간디가 제시하는 일련의 행동을 기

인도 국민회의

1885년 뭄바이에서 인도 국민회의가 처음 출범하였습니다. 대체로 지위가 높은 사람들이나 변호사, 사업가, 부자들이 많이 참여했지요. 국민회의는 인도에 대한 영국의 지배를 받아들이고, 그 속에서 정치 개혁을 꾀했습니다. 그러나 1905년부터 큰 변화가 생깁니다.

인도 국민회의에는 서로 다른 입장을 가진 두 세력이 있었습니다.

온건파는 조금씩 조금씩 법과 제도를 바꿔 인도를 해방시키려 했습니다. 때문에 영국에 청원하고 호소하는 평화적인 방법으로 독립운동을 했습니다. 온건파를 대표하는 사람이 고칼레입니다. 간디도 고칼레의 영향을 많이 받았습니다.

반면 틸라크를 중심으로 한 급진파는 인도의 자치를 획득하기 위해 좀더 적극적인 운동을 전개했습니다. 틸라크는 '스와라지(자치)'라는 이념을 처음 제시한 사람으로, 인도의 독립을 위해서라면 때론 폭탄도 사용할 수 있다고 생각했습니다.

간디는 고칼레에게서는 평화적인 방법을, 틸라크에게서는 인도의 완전 독립이라는 이념을 받아들였습니다. 국민회의는 간디의 지도 아래 1920년대부터 본격적인 독립운동을 전개하지요. 인도가 영국으로부터 독립한 후 국민회의는 제1당이 되어 인도를 이끌게 됩니다.

꺼이 따르는 모습을 보여 주었습니다.

이러한 인도인들의 전폭적인 지지를 바탕으로 간디는 1920년에 범국민적인 사티아그라하를 펼칩니다. 또한 영국 상품, 영국 법정, 영국 학교에 대한 거부 운동을 시작합니다. 간디는 사람들에게 자발적으로 감옥에 들어갈 것을 촉구했습니다. 실제로 1년여 동안 수만 명의 인도인들이 감옥에 갇혔습니다. 인도 전역이 마치 거대한 감옥으로 변해 버린 듯했어요.

인도 독립을 위해 물레를 돌리다

왜 인도와 같은 덩치 큰 나라가 영국이라는 조그마한 섬나라에 의해 200년 이상이나 지배를 당하고 있는 걸까? 간디는 정말 궁금했어요.
영국인들이 그렇게 오랫동안 인도를 통치하게 된 데에는 분명 인도 내부의 문제가 크게 작용하고 있을 것이라고 간디는 결론 내렸습니다. 때문에 인도 내부의 문제점들을 해결해야 인도의 앞날에도 희망이 있을 것이라 생각했습니다. 이러한 인도의 내부 문제들이 해결되지 않고서는 인도가 영국의 지배를 벗어난다고 할지라도 곧바로 인도인들에게 유리한 상황이 전개되지는 않으리라 생각했던 거예요.

간디가 심각한 내부 문제라고 생각한 것은 바로 인도의 '분열', '부도덕', '무지'였습니다. 때문에 간디의 진리 실험은 이러한 문제점들을 극복하는 과정이라고 할 수 있어요.

남아프리카에서의 명성을 등에 엎고 인도로 돌아온 간디는 인도 곳곳을 돌아다니며 주민들의 삶을 살펴보았습니다. 이때 간디는 인도의 가난한 현실을 목격합니다. 그 당시 농촌의 상황은 너무나도 어려웠어요. 또한 사람들은 글을 읽고 쓸 줄 몰랐고, 위생 관념도 전혀 없었습니다.

간디는 영국이 영국인 제조업자들의 경제적 이익을 위해 인도의 가내수공업(집안에서 손과 간단한 도구를 사용하여 생산하는, 작은 규모의 공업)을 파괴하였고, 그 결과 대부분의 농민들이 일 년 중 여섯 달을 실업자 신세로 지내야 한다는 점이 몹시 안타까웠습니다. 그래서 가난한 인도의 발전을 위해서는 물레보다 더 나은 것이 없다고 판단하고 물레의 보급에 힘쓰기 시작했어요.

"물레를 돌려 실을 뽑는 것은 전 인도인을 위한 것입니다. 물레를 돌려 그 돈으로 어린아이들의 수업료를 내도록 합시다. 아무리 풍족한 생활을 하고

물레를 돌리는 간디. 물레는 솜이나 털 따위의 섬유를 자아서 실을 만드는 수공업 기구입니다.

스스로 짠 옷을 입고 환하게 웃음 짓는 간디

있는 사람이라도 하루 한 시간은 가난한 사람들을 위하여 물레를 돌리십시오. 인도인이여, 자기 손으로 자기 옷을 만들어 입으십시오!"

간디는 사람들에게 손수 옷을 지어 입을 것을 호소하였습니다. 간디 자신도 손으로 직접 짠 옷만을 입겠다고 맹세했지요. 또한 매일매일 물레질을 하겠다고 약속했습니다. 그리고 곧바로 실천에 옮겼습니다. 간디는 하루도 빠짐없이 물레질하여, 자신의 손으로 옷을 만들어 입었어요. 물레질을 하면서 수많은 사람들과 대화를 나누는 간디의 모습 그리고 볼품은 없지만 스스로 짠 옷감을 몸에 걸친 간디의 당당한 모습은 오늘날 하나의 상징이 되었습니다.

"내가 물레에서 실을 뽑을 때마다 인도의 운명을 잣는다는 것이 나의 확실한 신념입니다."

"인도와 같이 가난한 나라에서는 가내수공업을 도입함으로써 이중의 목적을 달성할 수 있습니다. 수공업에 종사하면 어린아이들의 교육비를 마련할 수 있습니다. 또한 아이들에게 간단한 수공업을 교육시킴으로써, 훗날 원한다면 그것으로 생계를 꾸려 나가는 직업을 가질 수도 있습니다. 이렇게 함으로써 아이들은 자립심도 배우게 됩니다."

간디의 물레는 인도의 자립과 자존의 수단이었습니다. 간디는 사티아그라하의 수단으로서 영국에서 수입되는 옷감을 거부하고, 그동안 잊혀졌던 인도의 전통적인 가내수공업을 부활시켜 생활필수품을 자급자족하는 길을 선택했던 것입니다. 간디는 인도 사람들에게 영국이 인도에 들어오기 전의 옛 인도의 모습을 상기시켰습니다. 그 당시 인도 여성들은 스스로 옷감을 짰으며, 인도의 모든 마을은 자급자족하였다는 사실을 말입니다.

간디는 서구의 산업문명은 자신들의 경제적 이익을 위해 인도인들의 삶을 가난의 구렁텅이로 내몰았다고 생각했습니다. 그러므로 간디의 물레는 인도를 짓누르고 있는 가난에서부터 벗어날 수 있는 최상의 방법이었던 것이지요. 또한 그렇게 되면 영국 옷감의 수입은 줄어들고, 영국의 인도에 대한 통제 또한 느슨해질 수 있을 거라 생각했어요. 이러한 간디의 물레질은 자

캘커타에서 물레를 돌리며 사람들과 이야기를 나누는 간디

연스럽게 영국 옷감을 입지 말자는 운동으로 연결되었지요.

"인도를 가난하게 만든 것, 그것은 영국의 제품입니다. 영국의 옷감입니다. 우리의 몸을 영국 옷감으로 가리는 이 수치를 불태워 버립시다."

외국 옷을 입지 말자는 간디의 호소는 사람들로부터 큰 지지를 받았습니다. 사람들은 영국산 옷을 입지 않았을 뿐만 아니라, 상징적인 행동으로 영국산 옷감을 모아 거대한 장작불 위에 던져 불태우기도 했어요. 이 때문에 영국 공장에서 만든 영국 제품의 인도 수출이 감소했습니다. 그러자 영국 공장의 많은 노동자들이 일자리를 잃게 되었습니다.

마침 영국과의 협상을 위해 런던에 갔던 간디가 옷감 공장을 들른 적이 있었습니다. 그곳에서 간디는 인도의 농민들이 가난을 벗어나기 위해 스스로 물레를 돌려야만 되는 이유를 영국인 노동자들에게 설명하였어요. 그러면서 영국의 평균 실업수당이 인도인 평균 임금의 10배나 된다는 사실을 지적하였습니다. 그리고 이렇게 말했습니다.

"당신들은 물레를 돌려 살아가는 인도인과 그 아이들의 입에서 **빵 조각을 빼앗아 배부르기를** 원하십니까?"

자칫 간디에 대해 거부감을 느낄 수 있는 입장에 있었던 영국인 노동자들도 이러한 간디의 연설을 듣고 난 후에는 간디에게 호의를 보여 주었다고 합니다.

인간에게는 소금이 필요하다

1930년 간디는 인도의 완전 독립에 대한 결의안을 국민회의에 제출했습니다. 그런 후 어떠한 쟁점을 가지고 사티아그라하를 전개할 것인지 고민하였습니다. 그러다가 생각해 낸 것이 '인도인들이 직접 소금을 만들어 먹음으로써 소금세의 짐을 벗어 버리자는' 것이었습니다.

인간은 누구나 소금을 먹어야만 살아갈 수 있습니다. 그런데 영국은 인도인들에게 영국 정부가 생산한 소금 이외의 소금은 먹지 못하도록 했어요. 또 자연에서 소금을 채취해 먹는 것을 불법이라면서 어길 경우 법적 처벌을 했습니다.

이처럼 영국 정부가 당시 소금의 생산을 독점하고 있었는데, 소금 값에는 세

소금

소금을 얻는 가장 오래된 방법은 태양열이나 바람에 바닷물을 증발시키는 것입니다. 이러한 방법으로 소금을 얻는 것이 염전입니다. (사진 참조) 염전은 개펄 따위를 이용하여 몇 개의 못을 만들고 그곳에 바닷물을 끌어들여 수분을 증발시키지요. 사막의 오아시스에는 염분을 함유한 물이 솟아 나와 거기에서 소금을 얻는다고 합니다. 또 유럽에서는 일찍부터 암염(천연으로 나는 염화나트륨의 결정)을 많이 이용했는데, 암염이 있는 곳에 물을 부어, 소금이 녹은 물을 다시 증발시켜 소금을 채취하기도 해요. 참, 인도에서는 소금과 관련한 특이한 금기가 있어요. 막 결혼을 한 젊은이들은 3일 동안 소금을 먹을 수 없고, 부모님이 돌아가셔서 상중에 있을 때도 소금을 먹어서는 안 된대요. 한편 옛날 우리나라 사람들은 불청객이나 액운 등을 쫓을 때 소금을 뿌리기도 했답니다.

금이 포함되어 있었습니다. 영국의 소금세 징수는 인도인으로부터 거둬들이는 총 세금 징수액의 3퍼센트에도 미치지 못할 정도로 미미한 것이었습니다. 하지만 가난한 인도인에게는 돈을 주고 소금을 사 먹는 것이 매우 큰 부담이었습니다.

"공기와 물 다음에 인간에게 가장 중요한 것은 소금입니다. 소금은 가난한 사람들에게는 유일한 양념입니다. 소금세는 인간의 기발한 머리가 고안해 낸 가장 비인간적인 인두세입니다. 이것은 원가의 2,400퍼센트에 해당하는 것입니다."

1930년 3월 어느 날 아침, 간디는 78명의 협력자들과 함께 아슈람을 떠나 400킬로미터 정도 떨어진 단디라는 곳을 목표로 행진을 시작합니다. 그곳에 도착하여 바다에서 소금을 채취함으로써 소금세법을 고의로 위반할 계획이었던 것이지요. 간디는 모든 사람들에게 법을 어기는 행동을 하라고 호소하였습니다.

이 거대한 행진은 매일 아침 6시 30분에 시작되었습니다.

예순한 살 먹은 노인이 지팡이 하나를 손에 쥐고 카디(손으로 짠 옷감)를 입은 사람들과 함께 인도의 거친 흙 길을 힘차게 행진하는 모습이 전 세계에 보도되었습니다.

행진은 24일간 계속되었습니다. 간디가 단디에 도착하자 전국의 인도인들이 스스로 소금을 만들기 시작하였습니다. 간디는 행진을 마친 뒤 소금밭에서 한 줌의 소금을 집어 올렸습니다. 그리고 그 죄로 감옥에 갇혔습니다. 또한 간디를 따르는 십만 명이 넘는 인도인들도 체포되어 감옥에 갇혔지요.

간디는 철저하게 비폭력의 방법으로 영국의 법을 어겼습니다. 하지만 이러한 소금 운동의 과정에서도 영국 정부는 강경하게 진압했습니다. 연합통신의 한 기자는 당시의 상황을 이렇게 묘사하였습니다.

"사람들이 행진해 오자 먼저 수십 명의 인도인 경찰들이 그들을 덮치고 쇠몽둥이로 머리를 내리치기 시작했다. 그런데 어느 누구도 몽둥이 세례를 막기 위해 손을 들어올리지 않았다. 사람들은 볼링핀처럼 차례차례로 쓰러졌다. 2, 3분 만에 바닥은 쓰러진 사람들로 완전히 뒤덮였다. 사람들이 입은 흰옷에는 붉은 핏자국이 번져 나갔다. 사람들은 대열을 유지하면서 쓰러질 때까지 조용히, 그러나 끈질기게 앞으로 나아갔다. 나는 그 사람들에게서 어떠한 머뭇거림이나 공포의 기색도 느낄 수 없었다."

소금 행진 때
경찰에게 진압당하는 여성들

간디는 감옥에서 풀려난 후 인도의 총독과 협상을 하였습니다. 이 협상을 통해 간디는 최소한 해안 지역에서는 소금을 제조해도 좋다는 허가를 얻어 냈습니다. 영국을 대표하는 인도 총독과 대등한 입장에서 협상을 벌여 승리를 거두었던 것이지요.

이 '소금 행진'으로 인해 마하트마 간디는 다시 한 번 전 세계에 그 명성을 떨치게 되었습니다.

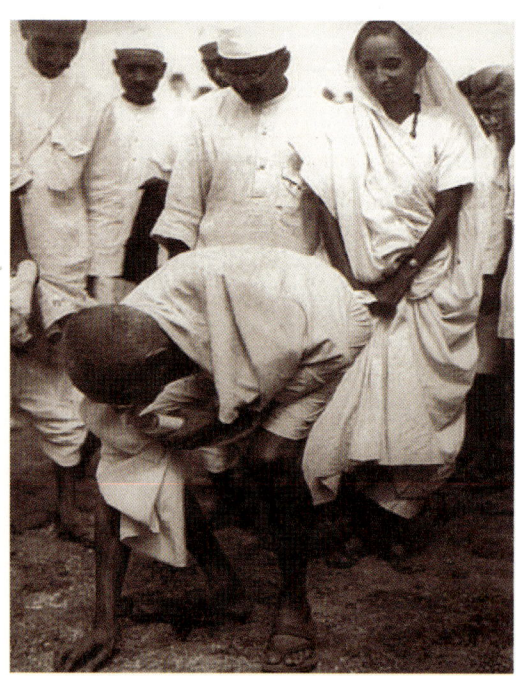

소금 행진을 끝내며 소금을 줍는 간디

카스트와 종교의 벽을 넘기 위한 실천

인도에는 카스트 제도라는 것이 있습니다. 인도의 가장 오래된 법률서인 《마누법전》은 사제 계급인 브라만을 중심으로 인도의 법질서를 규정하고 있어요. 그런데 그 안에는 카스트 제도를 합리화하는 흥미로운 신화가 전해 내려오고 있습니다. 창조의 신 브라흐만이 사람을 창조할 때에 브라흐만의 입에서 브라만이 창조되었고, 팔에서 크샤트리아가, 넓적다리에서 바이샤가, 발에서 수드라가 창조되었다는 것입니다.

각 카스트의 성격을 잘 반영하는 이 신화는 인도 사람들로 하여금 카스트 제도가 당연한 것이라고 믿게끔 만들었어요. 즉, 브라흐만이 네 개의 카스트를 구별하여 창조하였고, 각 카스트에 고유한 사회적 지위와 기능을 부여함으로써 사회 질서가 유지되기 때문에 각 카스트는 자신의 직무에 충실해야 한다는 것이지요.

그런데 '카스트'라는 말은 어떻게 생겨났을까요?
카스트 제도는 기원전 1300년경, 고대 인도에서 인도-유럽 계통인 아리안족이 인도에 침입하여 원주민인 드라비다족을 정복하고 지배층으로 등장한 이후 만들어 놓은 신분제도에서 비롯되었습니다. 그 당시에는 이러한 신분제도를 '바르나'라고 불렀다고 해요.
바르나는 처음에 자유민과 노예의 두 가지로 구분되었지만 그후 자유민이 사제 계급과 무사층으로 나뉘었습니다. 이에 따라 브라만, 크샤트리아, 바이샤, 수드라의 네 가지 등급이 생기게 되지요.
바르나라는 말이 오늘날의 카스트 제도로 바뀌어 불리게 된 데에는 서양인의 영향이 크게 작용하였습니다.
1498년 '바스코 다 가마'가 인도의 서남 해안에 상륙한 이

최초로 인도 항로를 발견한 서양인 바스코 다 가마

후 수많은 서양인들이 인도에 들어왔습니다. 그때 인도에 들어온 포르투갈인들은 인도인들이 자신이 속한 집단의 사람들끼리만 결혼한다는 사실을 알게 되었어요. 포르투갈인들은 이러한 집단을 자기 나랏말로 가문, 혈통, 종족을 뜻하는 '카스타'라고 불렀지요. 포르투갈인의 뒤를 이어 인도에 들어온 프랑스인이나 영국인들도 이 말을 그대로 사용하여 오늘날 '카스트'라는 말이 널리 사용되게 되었습니다.

카스트는 사람의 직업을 의미합니다. 브라만은 경전을 배우고 지식을 전파하는 일에 종사합니다. 크샤트리아는 사회의 보호자 역할을 하지요. 여기에는 왕과 군인이 포함됩니다. 바이샤는 상인 계급을 지칭합니다. 그러나 이들 세 카스트 사이의 차별은 그리 심하지 않은 편입니다. 바이샤가 장사를 잘 하여 부자가 되면 브라만을 고용할 수도 있고, 크샤트리아가 새로이 나라를 세울 수도 있습니다. 마지막으로 수드라는 천한 일을 합니다. 수드라는 경전을 배울 수 없고, 다른 계급의 영역을 침범할 수도 없어요.

브라만　　크샤트리아

힌두교 전통에 따라 브라만, 크샤트리아, 바이샤, 수드라 네 가지 카스트는 직업과 가문에 따라 다시 수천 가지 하위 카스트로 나뉩니다.

불가촉천민 제도는 인도의 혹이다

네 가지 분류로 나누어진 카스트 제도에는 수드라보다도 더 낮은 최하층의 사람들이 있는데, 이들을 '불가촉천민'이라 합니다. 이들은 인도 창조 신화에도 나오지 않기 때문에 '카스트'에도 끼지 못한 불가촉천민은 사람이나 소의 시체를 치우는 일같이 일반 사람들이 하기 싫어하는 일을 도맡아 하거나, 청소부로 고용되어 집안의 요강을 치우거나 변소를 청소하는 따위의 일을 합니다. 불가촉천민은 힌두교 사원에 출입하지도 못하고, 직업 선택

카스트 제도 아래서의 결혼과 직업

카스트 제도는 인도인들의 생활에 어떠한 영향을 미칠까요?
우선, 카스트가 다를 경우에는 결혼을 허락하지 않습니다. 다른 카스트 간의 결혼은 신의 뜻에 따라 만들어 놓은 질서를 파괴하는 것으로 믿었으니까요. 《마누법전》에는 "타락해서 카스트를 오염시키는 자들이 태어나는 나라는 백성과 함께 곧 멸망할 것이다."라고 경고하고 있습니다.

서로 사랑하는 사이지만 가문의 불화 때문에 맺어지지 못하고 끝내 죽음을 맞는 '로미오와 줄리엣'을 알고 있지요? 바로 이러한 로미오와 줄리엣의 사례가 카스트 제도 속에서는 아주 흔하지요. 오늘날에도 이러한 이유 때문에 헤어지는 연인들이 많다고 합니다.

뿐만 아니라 직업 선택에도 제한을 받습니다. 전통 카스트 사회에서는 소속 카스트의 직업은 변경이 불가능해서 부친의 직업을 자식이 그대로 물려받습니다. 이는 마치 조선 시대의 천민인 백정이 대대로 백정으로서의 직업과 신분을 그대로 물려받았던 것과 비슷합니다.

의 자유도 없고, 일반인과 멀리 떨어진 곳에서 살아야만 했어요. 간디가 활동하던 당시 인도 전체 인구의 약 20퍼센트를 차지할 정도로 많은 사람들이 불가촉천민이었습니다.

불가촉천민이란 말에는 손으로 만져서도 안 되고, 몸이 닿아서도 안 되는 천한 사람이라는 뜻이 담겨져 있어요. 다른 카스트 사람들은 불가촉천민과 접촉하는 것만으로도 자신들이 더럽혀진다고 생각했던 것입니다.

간디는 진리와 비폭력이라는 절대적 가치를 믿고 실천에 옮겼습니다. 그런 간디에게 있어서 불가촉천민에 대한 차별 대우 관행은 도저히 받아들일 수 없는 것이었어요. 그는 인도의 가장 큰 문제가 불가촉천민에 대한 차별 대우라 보았지요. 때문에 불가촉천민에게 평등한 지위를 부여하기 위해 최선을 다합니다.

간디와 아슈람

아슈람이란 일종의 정신적 생활공동체입니다. 아슈람에서는 육체 노동, 경제적 자급자족을 비롯한 간디의 진리 실험이 철저하게 실천되었습니다. 또한 아슈람에서 생활했던 사람들은 이러한 훈련을 거쳐 사티아그라하의 훌륭한 일꾼이 되었습니다. 아슈람에서 실천해야 될 원칙 중에는 불가촉천민을 차별 대우하지 말 것이 포함되어 있습니다. 이것은 간디를 비롯한 모든 아슈람 식구들이 철저하게 지켜 나가야 할 원칙이었지요. 인도에서 화장실 청소는 불가촉천민이 해야 할 일이었지만, 간디는 아슈람 식구들에게 각자 스스로 화장실을 청소하도록 요구하였습니다.

•• 인도에서 불가촉천민 출신 대통령이 나오기까지 ••

과거에는 동양이나 서양을 막론하고 대부분의 나라에 엄격한 신분제도가 존재했습니다. 그러나 민주주의가 확산되면서 신분제도는 점차 사라집니다. 우리의 경우도 마찬가지이지요. 조선 시대만 하여도 양반과 상민이 엄격하게 구분되어 있었습니다. 사(선비)·농(농부)·공(공업 종사자)·상(상인)의 구분이 이에 해당됩니다. 하지만 오늘날은 이러한 차별적인 신분제도는 사라진 지 오래입니다.

지구상에 아직까지도 신분제도가 남아 있는 곳은 인도를 비롯한 힌두교 문화권입니다. 힌두교도들은 사람은 영원히 반복되는 삶과 죽음과 재생의 윤회 속에 살고 있으며, 개인은 전생의 인과응보로서 자신의 카스트를 타고난다고 생각합니다. 아울러 카스트의 질서는 영원한 것으로, 살아가면서 자기가 속한 카스트의 의무를 엄격히 지켜야 하며, 소속 카스트에서 벗어나려는 시도는 중대한 죄악으로 받아들입니다. 이러한 생각 때문에 인도 특유의 세습적 신분제도인 카스트 제도가 여전히 유지될 수 있는 것입니다.

오늘날에도 여전히 존재하고 있는 불가촉천민

인도인들은 카스트가 다르면 음식도 함께 먹지 않고, 서로 마주 앉지도 않는다고 합니다. 지금은 카스트 제도의 엄격함이 많이 완화되었지만 폐쇄적인 지방에서는 아직까지도 엄격하게 지켜지고 있어요.

하지만 불가촉천민에 대한 차별을 폐지할 것을 끈질기게 주장한 간디의 노력은 상당한 결실을 보았어요. 인도가 독립을 쟁취한 이후인 1947년에는 카스트에 따른 일체의 차별이 법적으로 금지되었습니다. 1950년에 새로이 만들어진 인도 헌법에는 "모든 인도인은 카스트, 성별, 종교, 언어 등에 따라 차별을 받지 않는 평등한 권리를 누릴 수 있다."고 쓰여 있습니다.

그리고 마침내 1997년 7월에는 불가촉천민 출신인 '나라야난'이 인도 대통령으로 취임합니다. 이러한 진전이 있기까지, 간디가 벌였던 숭고한 운동의 영향은 아무리 강조해도 지나치지 않을 것입니다.

인도 최초의 불가촉천민 출신 대통령 나라야난.
그는 1997년 7월 대통령에 취임했습니다.

남아프리카에서 인도로 돌아온 간디가 아메다바드 교외에 아슈람을 설립하여 생활하고 있을 때였습니다. 한 불가촉천민 가족이 아슈람에 들어오고 싶다고 했습니다. 간디는 여러 동료들의 반대에도 불구하고 이들을 기꺼이 한 식구로 받아들였습니다. 아슈람에 불가촉천민이 살고 있다는 사실이 외부에 알려지기라도 하는 날에는 외부로부터의 모든 경제적 지원이 중단될지도 모르는 상황이었는데도 말이에요.

아슈람에서 함께 살고 있던 동료들조차도 불가촉천민과의 공동 생활을 못마땅하게 여겼습니다. 간디의 아내 카스투르바이도 마찬가지였습니다. 당시 카스투르바이는 간디에게 아슈람을 떠나겠다고까지 말했다고 합니다.

그러나 불가촉천민에 대한 간디의 생각은 변함이 없었습니다. 오히려 불가촉천민의 딸을 자신의 양녀로 들이겠다고 했어요. 그럼으로써 세상을 향하여 불가촉천민을 받아들여야만 한다는 것을 확실하게 보여 주었던 것입니다.

불가촉천민 제도를 개선하고자 하는 의지의 표현으로 1947년 '하리잔 행진'을 감행한 간디. 행진을 하는 동안 하리잔을 위한 연설을 하거나 기금 마련 활동을 했습니다.

간디는 불가촉천민 제도를 힌두교의 혹이라고 생각했습니다. 불가촉천민 제도는 유럽인이 인도인과 아프리카 원주민을 대하는, 인종차별적인 태도와 조금도 다를 것이 없다고 생각했던 것이지요. 간디는 이러한 모든 차별 대우는 잘못이라고 말했습니다.

간디는 종교적 전통을 내세우는 힌두교도들의 반대에도 굴하지 않고 불가촉천민 제도를 뿌리 뽑기 위해 노력합니다. 불가촉천민 제도를 개선하려는 의지의 표시로 불가촉천민이라는 말 대신 '하리잔' 이라는 용어를 사용했습니다. 하리잔이란 '신의 자녀' 라는 뜻입니다.

모든 종교는 하나다

불가촉천민 제도 말고도 인도 내부에는 심각한 문제가 하나 더 있었습니다. 그것은 바로 힌두교도와 이슬람교도 간의 뿌리 깊은 반목과 불화입니다.

인도는 오래전부터 여러 차례에 걸쳐 외부의 침략을 경험했습니다. 이 과정에서 수많은 종교가 인도에 전해졌고, 세월이 흐르는 동안 다양한 종교들이 공존하게 되지요.

당시 인도 사람의 대부분은 힌두교를 믿었습니다. 그리고 인도 인구의 25퍼센트 정도가 이슬람교도였습니다. 펀자브에서 벵골에 이르는 북부 지역에는 이슬람교도의 비율이 훨씬 높았습니다.

인도의 전통은 힌두교에 깊이 뿌리를 두고 있는데 힌두교는 다신교입니다. 이에 반해 이슬람교는 유일신 '알라'('신'이라는 뜻의 아랍어)를 믿지요. 힌두교도들은 소를 신성시하여 쇠고기를 먹지 않습니다. 온화한 동물인 소를 보호하는 것은 신이 만들어 낸 모든 피조물을 보호하는 것이라고 생각하였기 때문이지요. 이에 반해 이슬람교도들은 돼지를 불결하게 여겨 돼지고기를 먹지 않습니다.

이처럼 힌두교와 이슬람교는 그 교리에서부터 음식 습관에 이르기까지 많은 차이를 지니고 있었어요. 이러한 차이점들 때문에 종종 다툼이 일어나기도 했지요. 1924년의 경우도 그 중 하나였습니다.

간디가 2년 동안의 감옥 생활을 마치고 막 집으로 돌아온 때였습니다. 마침 이슬람교를 비난하는 책이 출간되었는데, 그 책을 쓴 사람은 살해되고 몇몇 도시에서는 폭동이 일어났습니다. 이 폭동으로 인해 36명의 사상자와 145명의 부상자 그리고 수천 명의 이주민이 발생했습니다. 이

사건을 '코하트 대학살' 이라고 부릅니다. 코하트 대학살이 발생하자, 간디는 죄를 씻기 위한 단식을 행합니다. 간디의 단식은 3주나 계속되었습니다.

"종교는 동일한 지점에서 각기 다른 방향으로 굽어진 길이다. 우리가 동일한 목표에 도달한다면, 각각 다른 길을 간다고 해서 문제될 것은 없다."

간디는 신앙심 깊은 힌두교도였지만, 한 가지 종교에 편협하게 얽매이지 않았습니다. 힌두교는 물론 기독교, 불교, 이슬람교 등 모든 종교는 한결같이 진리와 통한다고 생각했어요. 그러나 자기 종교만을 최고로 여기는 사람들에게 간디의 이런 생각은 받아들일 수 없는 것이었습니다. 결국 인도는 힌두교의 인도와 이슬람교의 파키스탄으로 분리되었고, 간디는 그 와중에 힌두교 광신자의 손에 살해되고 맙니다.

조촐한 간디의 유품이에요. 샌들과 안경, 《기타》 등 평소 근검 절약했던 간디의 성품을 잘 보여 줍니다.

《간디 자서전》은 어떤 책인가

간디는 인도의 독립과 인도인에 대한 차별 대우를 개선하기 위해 평생을 바쳐 싸웠어요. 그리고 자신의 생각을 널리 알리기 위해 팸플릿도 만들고 신문도 창간하였습니다.

남아프리카에 있을 당시 간디는 《인디언 오피니언》이라는 신문을 발행

지금은 폐허가 된 프레스 센터. 간디는 여기서 《인디언 오피니언》을 발행했어요.

했습니다. 이것은 간디가 발행한 첫 번째 신문이었어요. 《인디언 오피니언》은 발행되자마자 남아프리카 인도인들 사이에서 가장 중요한 출판물로 자리 잡았지요. 간디는 이 신문을 통해 인도인들의 중요 관심사를 빠짐없이 전달했습니다.

간디는 인도에 돌아와서도 주간지를 발행했습니다. 1919년 10월부터 영어로 쓰여진 《영 인디아》와, 구자라트어(구자라트 주의 공용어로 약 2,500만 명이 사용하는 언어)로 쓰여진 《나바지반》을 발행했습니다. 암리차르 대학살이 일어난 직후였습니다.

《영 인디아》와 《나바지반》은 한때 발행 부수가 4만 부 가까이나 되었다고 합니다. 많은 사람들이 보는 잡지이니 당연히 광고를 싣겠다는 사람들도 많았어요. 하지만 간디는 이들 잡지에 광고를 싣는 것에 반대했어요. 광고비에 의지하다 보면 자칫 돈을 내는 사람들의 눈치를 보느라 잡지의 독립성을 잃을 수 있으니까요. 실제로 간디의 고집 덕분에 잡지는 독립적으로 유지할 수 있었습니다.

1933년, 간디는 《영 인디아》를 《하리잔》으로 이름을 바꾸었습니다. '신의 자녀'란 뜻의 '하리잔'은 간디가 최하층 계급인 불가촉천민을 높여 부르던 명칭입니다. 불가촉천민의 해방운동을 전개하겠다고 선언한 후, 잡지의 이름도 《하리잔》으로 바꾼 것이지요. 잡지의 제목이 진리를 향한 간디의 실험 정신을 상징하고 있음을 알 수 있습니다.

간디는 이들 주간지에 글을 써서 사티아그라하를 알리는 데 최선을 다했습니다. 간디의 자서전은 1925년부터 1929년까지 《나바지반》에 연재되었던 글입니다.

간디는 그저 붓 가는 대로, 그때그때의 영감에 따라 글을 썼다고 합니다. 자서전이 역사 기록으로는 부족하리라는 것, 자신이 기억하는 모든 것을 다 적지 못했다는 점을 밝혀 두었지만, 간디는 자신의 실험이 다른 사람들에게 도움이 되기를 바랐습니다. 그래서 솔직하게 자신의 실수나 잘못까지도 자서전에 기록하였지요. 《간디 자서전》의 목적은 동료들을 위로하며 반성의 자료로 삼기 위함이었습니다.

《간디 자서전》에는 출생에서부터 1920년대 초반까지의 삶이 기록되어 있습니다. 특히 간디의 어린 시절과 남아프리카에서의 활동에 대해서 매우 상세하게 쓰여져 있습니다.

간디가 일생 동안 지킨 사상과 실천은 이 자서전에서 다루는 시기에 이미 완성되었다고 해도 과언이 아닐 것입니다. 그러므로 《간디 자서전》을 꼼꼼히 읽다 보면 간디가 어떤 인물인지 잘 알 수 있게 될 거예요.

글을 쓰는 간디

●●●●● 《간디 자서전》이 우리에게 미친 영향

우리는 살아가면서 옳지 않은 일을 종종 목격합니다. 하지만 선뜻 앞에 나서서 그러한 상황을 변화시키려고 노력하는 사람은 그리 많지 않습니다. 친구를 따돌리고 괴롭히는 잘못된 행동들을 보아도, 용기를 내서 잘못이라고 당당하게 말하고 그것을 바로잡으려는 사람은 많지 않지요.

그러나 간디는 자신이 부당하다고 생각하는 것을 개선하려고 노력하며, 어떠한 탄압에도 굴하지 않고 끝까지 이겨 냈습니다. 민족과 계급, 피부색이 다르다는 이유로 사람을 무시하고 짓밟는 행위를 그대로 두고 보지 않았어요. 누가 뭐라 해도 끝까지 맞서 싸웠습니다.

그런데 간디의 무기는 폭력이 아니었어요. 간디는 남을 탓하기 전에 스스로를 먼저 반성하고, 폭력에 맞서 이길 수 있는 비폭력의 위대한 힘을 보여 주었습니다. 간디의 이런 숭고한 정신과 실천은 수많은 사람들에게 커다란 영향을 끼치게 되지요.

"나는 지금 꿈을 가지고 있습니다. 인간이 모두 형제가 되는 꿈입니다. 나는 이러한 꿈을 가지고 나서서 절망의 산에다 희망의 터널을 뚫겠습니다. 나는 이런 신념으로 여러분과 함께 나서서 어둠의 어제를 광명의 내일로 바꾸겠습니다."

1963년 8월 28일, 노예해방 100주년을 맞아 워싱턴에서 열린 평화행진에 참가했던 미국의 흑인 인권운동가 마틴 루터 킹은 이렇게 말했습니다. 이 말은 미국인들에게 인종차별의 심각성을 일깨웠고, 미국 인권운동의 발전을 앞당기는 데 크게 공헌했습니다.

킹 목사는 비폭력의 시민불복종운동을 조직하여 민권운동과 흑인운동에 앞장섰습니다. 또한 전쟁을 국제적인 폭력이라고 규정하고, 적극적인 반전운동을 전개하였습니다.

1965년 알라바마 대행진 때의 마틴 루터 킹

이러한 킹 목사에게 큰 영향을 준 사람이 바로 간디였습니다. 킹 목사가 간디를 처음 접한 것은 대학 3학년 때였습니다. 그때 킹 목사는 사랑이라는 기독교의 교리가 간디의 비폭력을 통해 실현되고 있음을 발견합니다. 간디의 비폭력이야말로 자유를 얻기 위해 투쟁하는 억압된 사람들이 사용할 수 있는 가장 강력한 무기라는 사실을 깨달았던 것이지요.

킹 목사는 평화적인 방법으로 흑인에 대한 인종차별을 개선한 공로를 인정받아 1964년에 서른다섯의 나이로 노벨평화상을 수상했습니다. 노벨평화상을 받는 자리에서 킹 목사는 다음과 같이 말했다고 해요.

"우리는 정당하지 못한 법에 복종하지도, 부당한 관행에 굴복하지도 않을 것입니다. 우리는 비폭력적인 방법으로 이 일을 수행할 것입니다. 비폭력이란 수세기에 걸친 영국의 정치적 지배와 경제적 착취로부터 인도 국민을 해방시킨 간디의 숭고한 실천 방법입니다."

미국의 흑인 인권 보장을 위해 전국을 돌며 연설하는 마틴 루터 킹

그런데 안타깝게도 킹 목사는, 간디가 그랬던 것처럼, 1968년에 한 인종차별주의자에 의해 암살당하고 맙니다.

간디를 본받아 비폭력 투쟁으로 자유와 평화를 위해 헌신한 사람은 킹 목사 이외에도 많이 있습니다.

독일 녹색당의 창시자 페트라 켈리도 《간디 자서전》에서 영감을 얻어 반핵 평화 운동에 나섰지요. 그녀는 전쟁과 핵무기에 반대하는 시위 현장에서도 돌 대신 꽃을 들었습니다.

독일 녹생당의 창시자 페트라 켈리 역시 간디의 영향을 받았습니다.

우리나라에서도 《간디 자서전》을 처음 소개하고 간디의 정신을 실천한 함석헌 선생님을 비롯해서, 많은 이들이 간디의 비폭력 저항 정신을 실천하고 있습니다.

그렇다면 오늘날 간디의 비폭력 저항 정신은 어디에서, 어떻게 찾아볼 수 있을까요?

몇 가지 예를 들어보겠습니다.

소크라테스는 '악법도 법'이라는 유명한 말을 했습니다. 법은 질서 유지를 위해 필요하니, 더 큰 혼란을 막기 위해서는 법을 지켜야 한다는 것이지요. 하지만 그 법이 정의로부터 벗어나는 것일 때, 우리는 법의 개정 또는 폐지를 당당하게 요구해야 합니다.

우리가 추구하는 가치 중의 하나는 인권입니다. 모든 사람들은 인간으로서의 정당한 대우를 받아야 할 권리가 있습니다. 이러한 권리를 보호하는 것이 국가의 임무입니다. 그런데 안타깝게도 국가에 의해 인권이 유린되는 상황이 발생하기도 합니다. 불법적인 체포, 고문, 살인 등이 저질러지는 경우가 그렇습니다. 상황이 이렇다면, 시민들이 자발적으로 나서서 인권 보호를 위해 노력해야 합니다. 그래야만 정의로운 사회가 구현될 수 있으니까요.

환경 파괴의 문제도 그렇습니다. 경제적 이익을 위해 개발이라는 미명하에 우리의 아름다운 산과 강, 바다가 오염되고 있습니다. 국가는 국가의 경제 성장을 위해, 기업은 기업의 이윤 추구를 위해 환경 보호의 가치를 등한시하는 경우가 많습니다. 이러한 경우에도 시민들이 주도적으로 나서 환경 파괴의 문제를 제기하고, 환경 보존을 위해 솔선수범하는 모습을 보여 주어야 합니다. 우리나라의 경우에도 환경운동연합과 같은 시민 단체들이 이러한 역할을 성실히 수행하고 있다고 할 수 있을 것입니다.

사람들은 흔히 21세기를 '시민 참여의 시대'라고 부르지요. 이 말은 우리 모두가 나라의 주인이라는 뜻이기도 합니다. 때문에 정치, 경제, 사회, 문화 등 여러 부문에서 옳지 못한 일이 벌어질 때, 시민들이 스스로 문제점을 제기하고, 그러한 문제의 개선을 위해 노력하는 모습을 보여 주어야 한다는 것입니다. 그런데 이러한 자발적이고 적극적인 참여에서 중요한 것은 방법으로서의 비폭력 정신을 끝까지 유지하는 것입니다. 간디는 옳은 일을 위해서라면 목숨을 아끼지 않고 행동했습니다. 그리고 그 방법은 언제나 비폭력이었습니다. 비폭력의 힘은 폭력을 무너뜨릴 수 있습니다.

간디의 비폭력 정신은 21세기를 살아가는 우리에게 여전히 깊은 감동을 줍니다.

21세기의 당당한 주역으로 살아가기 위해서는 언제라도 정의를 위해서라면 즉각적으로 행동할 수 있는 마음가짐을 지녀야만 합니다. 오늘날 세계 곳곳에서 벌어지고 있는 평화적인 촛불 시위는 바로 이러한 성숙한 시민들의 비폭력 저항이라 할 수 있을 것입니다.

| 제2부 |

《간디 자서전》
―나의 진리 실험 이야기

어린 시절

우리 간디 집안은 상인 계급에 속했고, 원래는 식료품상이었다. 그러나 할아버지 때부터는 3대에 걸쳐 카티아와르 주의 여러 곳에서 총리 직을 지냈다.

나의 아버지 카바 간디는 세 번씩이나

아내를 잃었고, 나의 어머니는 네 번째 아내인 푸틀리바이였다. 아버지는 문중 사람들을 좋아했으며, 성실하고 관대했지만 성미가 좀 급한 편이었다. 그리고 집안에서나 사회에서나 청렴하고 공명정대한 사람으로 알려져 있었다. 나라에 대한 충성 또한 남달랐다. 어떤 영국인 주재관이 라지코트의 왕에게 모욕적인 말을 하자, 결연히 일어나 맞서기도 했다. 화가 난 영국인은 아버지에게 사과를 요구했지만, 아버지는 단호히 거절했다. 그 때문에 몇 시간 동안 구금을 당했다. 그러나 아버지는 꿈쩍도 하지 않았다. 결국 그 주재관은 할 수 없이 아버지를 놓아주었다.

아버지의 교육 수준은 기껏해야 구자라트어* 교본을 5권까지 읽었을 정도였다. 그러나 풍부한 경험을 바탕으로 많은 사람들을 이끌고 지도하였다. 말년엔 집안 사람들과 친구의 권고에 따라 《바가다드 기타》*를 읽기 시작했는데 예배 시간 때마다 몇 소절씩 소리 내어 읽곤 했다.

구자라트어　구자라트 주의 공용어이다. 인도에는 약 700개의 언어가 있고, 현재 표준어는 인구의 45%가 쓰는 힌디어와 영어이다.

《바가다드 기타》　힌두교의 3대 경전의 하나이다. 그냥 《기타》라고도 하며 '지극히 높은 신의 노래' 라는 뜻을 담고 있다.

간디 자서전
>>>>>>>>> 나의 진리 실험 이야기

어머니는 신앙심이 아주 깊었다. 단 하루라도 기도를 하지 않으면 식사할 생각조차 하지 않았다. 사원에 다니는 것은 어머니의 중요한 일과 중 하나였다. 내가 기억하기로는 단 한 번도 단식을 어긴 일이 없었다. 언젠가 어머니가 병을 앓았던 적이 있는데, 그때도 단식을 중지하지는 않았다. 연달아 두세 끼를 단식하는 것은 보통이었다.

어머니가 해를 보기 전에는 음식을 먹지 않는 단식을 할 때면, 우리는 하늘을 쳐다보며 해가 나타나기를 기다리곤 했다. 장마철에는 해가 좀처럼 얼굴을 내밀지 않았다. 그러다 갑자기 해가 얼굴을 내밀면 우리는 얼른 달려가서 어머니께 알렸다. 그러면 어머니는 당신 눈으로 그것을 직접 보려고 밖으로 나오셨다. 하지만 그 사이 해는 이미 사라져 버리고 없었다. 어머니는 그만 끼니를 놓쳐 버리고 만 것이다. 그런데도 어머니는 아무렇지도 않은 듯 이렇게 말씀하셨다.

"괜찮아. 신께서는 오늘 내가 밥 먹는 걸 원치 않으신단다."
그리고 다시 단식을 계속하셨다.

나는 이러한 부모님의 막내아들로 포르반다르라는 곳에서 태어나 그곳에서 유년을 보냈다. 당시 나는 머리가 나쁘고 기억력이 좋지 않았던 것 같다. 학교에 다닐 때 구구단 외우는 것이 좀 힘들었던 것이 지금도 기억난다. 그 시절 가장 기억에 남는 일은 아이들과 몰려다니며 선생님을 여러 가지 별명으로 부르던 것이었다.

내 나이 일곱 살 때 아버지가 라지코트에서 공직 생활을 하게 되었다. 그래서 나도 포르반다르를 떠나 라지코트에 있는 초등학교에 들어갔다. 그곳에서도 공부는 그다지 잘 하지 못했다. 그저 평범한 학생이었다. 고등학교에 다닐 때까지도 나는 수줍음이 많았고 남들과 어울리기를 싫어했다. 학교 공부가 나의 유일한 즐거움이었다. 때가 되면 학교에 가고, 학교 공부가 끝나면 누가 놀려 댈까 두려워 곧장 집으로 달려

잔디 자서전

>>>>>>>>>> 나의 진리 실험 이야기

오는 것이 매일의 일과였다.

고등학교 1학년 때 시험을 보고 있을 때였다. 장학관이 교육 검열을 나와 받아쓰기 시험을 보았는데 문제로 낱말 다섯 개를 불러 주었다. 나는 그 중 하나의 철자를 잘못 썼다. 선생님은 발로 툭툭 치며 내게 힌트를 주려고 했다. 그러나 나는 그것을 눈치 채지 못했다. 옆 사람의 석판*을 보고 철자를 베끼라는 것을, 선생님이 남의 것을 보지 못하도록 감시하느라 그러는 줄로 잘못 안 것이다. 나중에 보니, 나만 틀리고 모든 학생이 다 제대로 썼다.

불행하게도 나는 힌두교* 풍습에 따라 열세 살에 결혼을 했다. 나 같은 운명을 피한 내 또래의 소년들을 보면 축하해 주고 싶다. 결혼할 당시 나는 중학교에 다니고 있었다.

나는 언제나 선생님들의 귀여움을 받았다. 성적표와 품행 통지표도 나쁘지 않았다. 2학년 말에는 상도 타고 장학금도 받았는데, 운이 좋아서 탄 것이지 성적 때문은 아니었다. 스스로 공부를 잘 한다고 생각하

석판 예전에는 석판에 석필로 글씨를 쓰거나 그림을 그렸다. 종이가 귀하던 시절에 공책 대신 사용한 석판은 돌을 얇고 평평하게 깎아 만들었다. 그리고 지우개로는 양가죽 조각을 이용했다.

힌두교 인도 고유의 종교로 다신교이지만 대개 브라마, 비슈누, 시바 신을 믿는다. 인도에 가면 신들의 상이나 신전을 많이 볼 수 있다.

지 않았기 때문에 상이나 장학금을 탈 때면 늘 놀라곤 했다. 그러나 몸가짐은 늘 특별히 주의하였다. 한 번은 체벌을 받았었는데 벌 자체보다도 벌을 받았다는 사실 때문에 가슴이 몹시 아팠다.

나는 필수과목이었던 체조와 크리켓*을 다 싫어했다. 지금에 와 생각해 보니 그것은 내 잘못이었다. 그 무렵 나는 운동이 교육에 아무 소용이 없다는 그릇된 생각을 갖고 있었다. 운동을 싫어한 또 다른 이유는 병중인 아버지의 간호 때문이었다. 방과 후엔 곧장 집으로 달려와서 아버지를 돌봐 드리곤 했다. 그런데 체육이 필수과목이다 보니, 아버지를 간호하는 데 지장이 생겼다. 어느 토요일, 그날은 오전 수업만 했으므로 오후 네 시에 체육을 하러 다시 학교에 가야 했다. 나는 시계가 없는 데다 날씨가 흐려 체육 시간에 늦고 말았다. 아이들은 모두 수업을 마치고 집으로 돌아간 뒤였다. 다음 날 선생님께 사실대로 말씀드렸으나 선생님은 내 말은 믿지 않고 벌금을 내라고 했다. 나는 거짓말을 하지 않았음에도 거짓말쟁이가 되어 버렸다. 마음이 너무 괴로웠지

크리켓 11명씩 짝을 지은 두 팀이 교대로 공격과 수비를 하며 공을 배트로 쳐서 점수를 내는 경기이다. 영국에서 처음 만들어진 경기로 야구와 비슷하다.

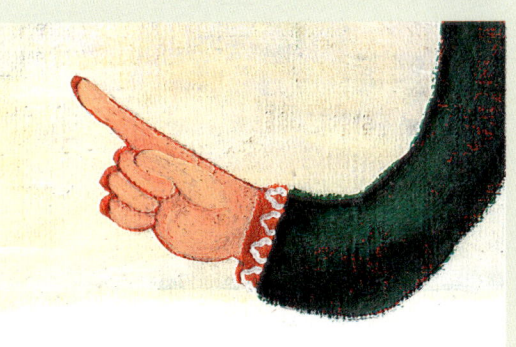

만 결백함을 증명할 방법이
없었다. 울음이 복받쳤다.
진실하고자 하는 이는 반드시
조심성이 있어야 한다는 것을
그때 깨달았다. 이것이 학창 시절, 처음이자 마지막으로 내가 저지른 부주의한 행동이었다.

학교 다닐 때 특히 가깝게 지내던 친구가 하나 있었다. 그 친구는 원래 형의 친구였는데 나는 개혁자의 정신으로 그와 친구가 되기로 했다. 어머니, 형, 아내는 나쁜 친구를 사귄다고 경고했지만 나는 아내의 말에 귀를 기울일 만큼 겸손한 사람이 아니었다. 그러나 어머니와 큰형의 뜻은 함부로 거스를 수가 없었다.

"저도 어머니와 형님이 말씀하시는 그 친구의 나쁜

점을 잘 알고 있습니다. 그러나 두 분은 그 친구의 좋은 점을 모르고 계십니다. 제가 그 친구와 사귀는 것은 그 아이를 바로잡아 주기 위해서입니다. 제가 나쁜 영향을 받을 일은 없습니다."

나중에 나는 내가 잘못 판단했다는 것을 알았다. 개혁자는 개혁의 대상자와는 친숙해질 수가 없다. 참된 우정이란 정신도 일치해야 하는데 그것은 참 어려운 일이기 때문이다.

내가 이 친구를 처음 만났던 당시 라지코트에는 '개혁'이라는 바람이 불었다. 이 친구는 내게 선생님들 중에는 아무도 모르게 고기와 술을 먹는 사람이 있다고 했다. 뿐만 아니라 중학생들도 남몰래 고기와 술을 먹고 있다고 했다. 나는 깜짝 놀라 그 이유를 물었다.

"우리는 고기를 먹지 않기 때문에 약한 민족이 됐어. 영국이 우리를 지배할 수 있는 것은 고기를 먹기 때문이야. 너도 알다시피 나는 튼튼하잖아. 그건 내가 고기를 먹기 때문이야. 너도 한번 해 봐!"

친구의 말이 나를 사로잡았다. 나도 이 친구처럼 강해지고 싶었다. 육식이 나를 튼튼하고 용감하게 만들 거라는, 그리고 만약 온 국민이 육식을 한다면 저 영국을 이길 수 있을 거라는 생각이 일기 시작했다. 드디어 날짜를 정하고 그 실험을 해 보기로 했다. 아무도 모르게 해야 했다. 우리 부모님은 열렬한 힌두교 신자였다. 나 또한 힌두교 전통 속에서 자랐다. 때문에 힌두교 전통에 따라 지금껏 고기를 먹지 않았다. 만일 내가 고기 먹은 것을 부모님께서 아신다면 두 분은 기절해 버릴지도 몰랐다. 그럼에도 내 마음은 이미 '개혁' 쪽으로 기울어져 있었다. 내 소원은 강하고 용감해지는 것, 우리 동포들이 영국을 때려 부수고 인도를 영국으로부터 자유롭게 하는 것이었다. '스와라지(자치 또는 독립)'라는 말은 아직 몰랐지만 '자유'가 무엇을 의미하는지는 알고 있었다. '개혁'에 대한 열정이 내 눈을 어둡게 만들었다.

잔디 자서전

>>>>>>> 나의 진로 실험 이야기

마침내 그날이 왔다. 그때의 내 마음을 지금 제대로 옮기기는 어렵지만, 호기심과 부끄러움이 마구 뒤섞여 있었다. 우리는 조용한 곳을 찾아 냇가로 갔다. 거기에서 나는 생전 처음으로 고기를 맛보았다. 염소고기가 가죽처럼 질겼다. 도무지 맛을 알 수도 없고 먹을 수도 없었다. 그날 밤 나는 밤새 가위에 눌렸다. 잠이 들 만하면 살아 있는 염소가 뱃속에서 매매 우는 것 같아 벌떡 일어났다.

시간이 흐르자 염소에 대해 미안한 마음은 점차 사라지고 고기 맛도 알게 되었다. 그것이 약 1년간 계속되

었다. 고기를 먹은 날이면 당연히 저녁에 입맛이 없었다. "소화가 잘 안 되는 것 같습니다. 오늘은 저녁을 먹고 싶지 않습니다." 하고 어머니에게 핑계를 대곤 했는데 양심의 가책을 느끼지 않을 수 없었다.

고기를 맛보던 무렵 나는 친척 한 사람과 함께 담배도 피웠다. 수중에 돈이 별로 없어서 담배꽁초를 주워 모았는데 꽁초 구하기도 쉽지 않았다. 할 수 없이 인도 궐련을 사기 위해 하인의 주머니에서 동전을 훔쳐냈다. 훔친 돈을 가지고 몇 주 동안은 그럭저럭 담배를 사 피울 수가 있었다. 그러나 그것으로 만족할 수가 없었다. 담배를 어디에 숨겨 두느냐도 문제였고, 어른들 앞에서 담배를 피울 수 없는 것도 문제였다. 마음대로 못하는 것이 굉장히 억울하게 느껴졌다. 마침내 우리는 자살을 결심했다. 다투라(가시독말풀)의 씨가 독이 강하다는 이야기를 듣고 정글을 헤맸다. 어렵게 그것을 구하기는 했다. 그러나 막상 삼킬 용기가 나지 않았다. 자살이란 생각처럼 그렇게 쉬운 것이 아니었다. 그 뒤로 나는 누가 자살하겠다고 위협하는 소리를 들어도 하나도 겁나지 않았다. 어쨌든 자살 소동 이후 우리 두 사람은 담배 피우는 것과 하인의 돈을 훔치는 일을 그만두었다. 훗날 나이가 더 든 뒤에도 담배를 피우고 싶다는 생각은 들지 않았다. 담배야말로 야만적이고 더럽고 해로운 습관이다. 도대체 왜 그렇게 많은 사람들이 담배를 피워 대는지 이해를 못 하겠다.

더 심한 도둑질을 한 것은 열다섯 살 때였다. 나는 형의 팔찌에서 금 한 조각을 훔쳐 냈다. 나는 그런 짓을 한 나 자신을 견딜 수가 없었다. 결국 아버지에게 모든 것을 고백하기로 했다. 그러나 차마 말로 할 수는 없었다. 무서워서 그런 것이 아니었다. 나 때문에 아버지가 고통스러워하실 일이 두려웠다. 그러나 두려움을 무릅쓰고라도 고백해야 했다. 깨끗한 자백 없이는 결백해질 수 없으니까.

드디어 그 고백을 편지에 담아 아버지께 드렸다. 죄의 고백과 더불어 달게 벌을 받겠노라고 했다. 나는 벌벌 떨었다. 당시 아버지는 치루*를 앓아 침대에 누워 계셨다. 글을 다 읽으셨을 때, 구슬 같은 눈물이 아버지의 두 뺨을 타고 흘러내려 종이를 적셨다. 아버지는 눈을 감고 잠깐 생각에 잠기셨다. 그런 다음 그 편지를 찢으셨다. 나는 계속 울고

치루 항문 안팎에 고름집이 생겼다 터지면서 구멍이 생기고 고름 따위가 나오는 병이다.

간디 자서전
>>>>>>>>>> 나의 진리 실험 이야기

있었고, 아버지는 깊은 고민에 빠져 계셨다. 내가 화가라면 지금이라도 그때의 광경을 그대로 그릴 수 있을 것 같다. 아버지의 사랑의 구슬방울들이 내 마음을 정화시켰고 내 죄를 씻어 버렸다. 그 사랑은 느껴 본 사람만이 알 수 있을 것이다. 이것은 또 내게 '아힘사*'의 실제 교육이기도 했다. 당시에는 아버지의 사랑을 느꼈을 뿐이지만 지금은 그것이 '순수한' 아힘사라는 것을 알고 있다. 그 순수한 아힘사가 모든 것을 끌어안게 될 때 거기에 닿는 모든 것을 변화시킨다. 그 힘은 무궁무진하다.

아버지는 병세가 날로 악화되어 내 나이 열여섯에 그만 돌아가시고 말았다. 나는 임종(부모가 돌아가실 때 그 자리에 같이 있는 것)을 지켜 드리지 못한 불효를 저질렀다. 아내와 함께 있고 싶어, 그만 옆에 있어 드리지 못했던 것이다. 그 일은 두고두고 후회가 되었다.
예닐곱 살 때부터 열다섯 살 때까지 학교에 다니면서 여러 가지 것들을 배웠으면서도 종교에 대해서는 배운 적이 없었다. 그래도 주위에서

아힘사 힌두교의 이상으로 '불살생(不殺生 : 살아 있는 것을 죽이지 않는다)'이란 뜻이 있다. 훗날 간디는 독립운동을 하면서 이 단어를 '비폭력'의 뜻으로 사용하였다.

이것저것을 주워듣고는 있었다. 종교는 넓은 의미에서 자아실현 또는 자아의 깨달음이다. 나는 도덕이 모든 사물의 근본이고, 진리가 모든 도덕의 정수라고 확신했다. 오직 진리만이 나의 목적이었다.

1887년 대학 입학 자격시험에 합격했다. 시험에 붙고 나니 집에서는 대학에 갈 것을 권유했다. 그래서 학비가 덜 드는 사말다스 대학에 들어가긴 했는데, 공부가 너무 어려워 쩔쩔맸다. 교수님들의 강의를 도저히 따라갈 수가 없었다. 첫 학기를 마치고 방학을 맞아 집으로 돌아와 있는데 마침 잘 아는 어른이 우리 집에 들렀다. 그분은 이런 말씀을 하셨다.
"차라리 영국으로 보내는 것이 훨씬 낫습니다. 학비도 4, 5천 루피를 넘지 않을 겁니다."
그러고 나서 나를 돌아보며 물으셨다.
"영국에 가지 않겠니?"
나는 대학 공부가 어려워 죽을 지경이었다. 하루라도 빨리 유학을 떠나고 싶다고 했다. 형은 찬성했지만, 어머니의 생각은 달랐다. 어머니는 나와 떨어지는 걸 원치 않으셨다. 사람들이 말하기를 영국에 가면 젊은이들의 행실이 다들 나빠진다고 했다. 또 그곳에서는 고기와 술을 먹지 않고는 살 수가 없다고 했다.

"어머니, 저를 못 믿으세요? 저는 어머니께 절대로 거짓말은 하지 않습니다."

나는 술과 여자와 고기를 가까이 하지 않겠다는 맹세를 했다. 그제야 어머니는 영국 유학을 허락하셨다.

어린 시절

영국 유학 시절

마침내 영국에 도착했다. 배에서는 검은 옷을 입고 있었지만, 육지에서는 흰옷이 잘 어울릴 것 같아 친구들이 마련해 준 흰옷을 갈아입고 내렸다. 그런데 내리고 보니 나 같은 옷을 입은 사람은 하나도 없었다. 뭄바이에서 맞춘 옷은 영국 사회에서는 어울리지 않는 것 같아서 나는 새 옷 한 벌을 맞추어 입었다. 또 실크 모자가 하나 갖고 싶어서 19실링에 샀는데 당시는 굉장히 비싼 것이었다. 그것으로도 부족해 런던의 번화가에 가서 10파운드를 주고 야회복을 한 벌 샀다. 형에게 부탁하여 금 시곗줄도 보내 달라고 했다. 그러고 나서 고급 넥타이를 하나 사서 직접 매는 법을 배웠다. 인도에서 거울은 큰 사치품에 불과했지만, 영국에서는 매일 큰 거울 앞에 서서 넥타이를 매고 모양을 내느라 10분이나 허비했다. 그럼에도 불구하고 거울 앞의 나는 아직도 그럴듯해 보이지 않았다.

영국 신사가 되는 데 필요하다고 생각되는 다른 것들을 더 찾아보았다. 누군가 댄스와 불어와 웅변술을 배워야 한다고 했다. 우선 댄스 교습반에 들어가 배우기로 하고 한 학기 수업료를 냈다. 그런데 맙소사! 리듬감이 없었다. 피아노를 따라갈 수가 없어 박자를 놓치기 일쑤였다. 이제 나는 서양 음악을 알기 위해 바이올

린도 배우기로 했다. 그래서 3파운드나 되는 바이올린을 하나 사고, 그보다 더 많은 돈을 수업료로 냈다. 그러다 문득 꿈에서 깨어났다. 나는 영국에서 평생을 살 사람이 아니라 공부를 하기 위해 온 학생이었다. 나는 런던 법학원에 들어갈 자격을 얻어야 하는 사람이었다.

이런 것들로 인해 내가 무한한 방종의 시기를 보냈던 것은 아니다. 나는 그때에도 빈틈없는 생활을 하고 있었다. 단 한푼 쓴 것도 꼭꼭 기록했고 아주 작은 비용들도 빠짐없이 기록했다. 하루 일과를 끝낸 후 나는 금전출납부의 숫자를 꼭 맞추어 놓았다. 이러한 습관은 그 뒤에도 계속되어 먼 훗날 거액의 공금을 다루게 되었을 때에도 지불이 늦춰지는 일이 없었다. 내가 이끄는 비폭력 운동에서 언제나 큰 빚을 지는 일 없이 항상 돈이 남았던 것은 모두 이 때문이라고 생각한다. 젊은이들도 나를 본받아 주머니에 들고나는 돈의 계산을 꼭 맞추어 두는 습관을 기르길 바란다. 분명히 나처럼, 마침내는 저축하는 사람이 될 수 있을 것이다.

어쨌든 당시에 내 살림살이를 냉정히 살펴보니 절약할 필요가 있었다. 유학 초창기에는 남의 가족과 함께 사는 하숙집에 있었는데, 체면을 차리다 보니 돈을 헤프게 쓰는 경우가 많았다. 나는 그곳에서 나와, 걸어서 30분이면 다닐 수 있는 곳에 방이 두 개 달린 집을 얻어 자취를 했다. 그전에는 어디든 이동을 하려면 차를 타야 했다. 그래서 산책할 시간을 따로 내야 했다. 그러나 집을 옮기자 차비도 들지 않고 하루 12~16킬로미터를 걸으니, 산책할 시간과 돈을 함께 절약할 수 있었다.

시험 준비를 위해 내 생활을 더욱더 간소하게 할 필요가 있었다. 내 생활은, 가난한 우리 가정 형편을 생각하면, 아직도 분에 넘치는 것이었다. 매달 돈을 보내 주는 형을 생각하면 마음이 아프곤 했다. 많은 학생들이 나보다 훨씬 더 옹색한 생활을 하고 있었다. 마침 간소한 생활에 대한 책을 읽었다. 나는 곧 실천에 옮겼다. 그때까지 나는 방을 두 개나 빌려 썼었는데 하나만 쓰기로 했다. 그리고 스토브를 하나 들여놓고 아침 식사를 직접 만들어 먹기 시작했다. 시간은 채 20분도 걸리

간디 자서전
>>>>>>>> 나의 진리 실험 이야기

지 않았다. 점심은 사 먹고 저녁은 집에서 빵과 코코아로 때웠다. 그때는 열심히 공부하던 때라서 살림을 간소하게 바꾸니 시간도 많이 절약되었다. 그렇다고 내 생활이 비참했던 것은 아니다. 우리 집 형편에도 맞출 수 있게 되었고, 내 생활은 전보다 훨씬 더 진실해졌으므로 나는 정말로 행복했다.

유학 생활을 시작할 즈음, 나는 우연히 채식 식당 하나를 발견했다. 그 식당을 본 순간 내 마음은 마치 어린아이가 원하던 것을 얻었을 때처럼 뛸 듯이 기뻤다. 식당 문 가까이에 있는 유리 진열장 안에는 팔려고 내놓은 책들이 있었다. 그 가운데 솔트가 쓴 《채식주의자를 위하여》라는 책이 있었다. 나는 그 책을 사서 읽었는데 깊은 감명을 받고 채식을 하기로 결심했다.

지금껏 나는 종교적 관습과 내가 한 맹세를 지키기 위하여 고기를 먹지 않았다. 그러면서도 한편으로는 모든 인도인이 언젠가는 다 고기를 먹었으면 하기도 했다. 그러나 이제 채식주의에 대한 내 믿음은 나날이 커 갔다. 솔트의 책은 음식 연구에 대한 취미까지 북돋워 주었다. 채식주의에 관한 책들은 모두 구해 읽었다. 윌리엄스의 《음식의 윤리》, 킹스퍼트 박사의 《완전한 음식법》 등이 흥미로웠다. 나의 채식주의는 건강에 대한 관심에서 시작되었지만, 나중에는 종교가 나의 가장 큰 동기가 되었다.

마침내 변호사 면허를 땄다. 그러나 법정에서 실제로 일을 하기는 어려울 것 같았다. 법률을 어떻게 활용할 것인지를 배우지 못했고, 인도법에 관해서는 전혀 아는 바가 없었다. 소송장 쓰는 것조차도 알지 못하니 눈앞이 캄캄했다. 도대체 이 직업으로 밥이나 먹을 수 있을까 걱정스러워 견딜 수가 없었다. 공부하는 내내 이런 의심과 근심으로 가슴이 답답했다. 친구들에게 이런 고민을 털어놓았더니 그 중 누군가가 사람을 소개시켜 주었다. 그 사람은 보수당 의원이었지만 인도 학생에 대한 순수한 애정을 지니고 있었다. 나는 그 만남을 지금도 잊을 수가 없다. 그는 친구처럼 나를 반겨 주었다. 나의 비관적인 생각을 듣고 그는 호탕하게 웃어 버렸다.

"변호사는 특별한 재주가 있어서 하는 게 아니야. 정직하고 부지런하면 살아가는 데 아무 문제가 없네. 모든 사건이 다 복잡한 것은 아니니까. 그나저나 자네는 독서가 부족해. 또 자네는 세상을 너무 몰라. 그 두 가지가 변호사에게 꼭 필요한 것이네. 자네는 인도 역사서조차 읽지 않았지? 인도 사람이라면 인도 역사를 알아야지. 또한 변호사는 사람을 알아야 하네. 사람의 얼굴만 보고도 그의 성격을 읽어 낼 줄 알아야 해."

그와의 만남으로 모든 두려움이 다 사라졌다. 고맙기 그지없었다.

인도에서 변호사 개업을 하다

인도에 도착한 날, 뭄바이 항구의 바다 물결은 사나웠다. 형이 부두까지 마중을 나와 있었다. 나는 어서 빨리 어머니를 만나고 싶었다. 그러나 어머니가 나를 다시 품에 안아 줄 수 없는 운명이 되었다는 사실을 나는 모르고 있었다. 형은 어머니의 죽음을 내게 알리지 않았던 것이다. 내가 먼 외국 땅에서 애통해하지 않도록 한 형의 배려였다. 그 말을 듣고 나니 가슴이 무너져 내리는 것 같았다.

그 시기 몇몇 친구들을 소개받았는데 그 중 특히 기억할 만한 사람은 레이찬드였다. 그는 기억력이 아주 좋았고, 경전에 대한 해박한 지식과 자아실현에 대한 불타는 열정이 있었다. 이제껏 여러 종교 지도자와 스승을 만나 보았지만 레이찬드만큼 내게 깊은 인상을 준 사람은 없었다. 그는 내가 정신적 위기에 처했을 때마다 피난처가 되어 주곤 했다. 레이찬드를 비롯하여 내 정신에 깊은 영향을 준 사람이 두 명 더 있다. 하나는 톨스토이*다. 나는 그의 책 《하느님의 나라는 당신 안에 있다》를 통해 그리스도 복음의 핵심이 힌두교의 가르침인 비폭력과 별반 다를 게 없다는 사실을 깨달았다. 또 한 사람은 러스킨*인데 그의 책 《이 나중 온 자에게도》는 내 삶에 깊은 영향을 주었다.

형은 내게 큰 기대를 걸고 있었다. 형은 나를 통하여 부와 명성을 얻고자 했던 듯하다. 형의 도움으로 나는 뭄바이에서 개업을 하였고, 형은 나에게 소송사건을 얻어다 주려고 최선을 다했다. 그러던 중 나는 소송사건 하나를 맡았다. 사건은 아주 쉬운 것이어서 하루 이상 걸릴 것 같지도 않았다. 이것이 내가 처음으로 법정에 선 소송이었다. 나는 피

톨스토이 도스토예프스키와 더불어 러시아의 유명한 소설가이자 사상가이다. 《전쟁과 평화》, 《부활》 등의 명작을 남겼다.

러스킨 영국의 문예비평가이자 사회사상가로 《건축의 칠등》, 《참깨와 백합》 등을 집필하였다. 경제와 사회 문제에 관심이 많았다.

인도에서 변호사 개업을 하다

고를 대신해서 법정에 나가 원고 쪽의 증인심문을 해야 했다. 자리에서 일어나긴 했는데 간이 콩알만 해지고, 머리가 핑핑 돌고, 온 법정이 빙글빙글 돌아갔다. 아무 생각도 나지 않았다. 아마도 판사는 비웃었을 것이고 변호사들은 좋은 구경거리를 만났다고 생각했을 것이다. 눈앞이 캄캄해서 아무것도 보이지 않았다. 나는 자리에 주저앉은 다음 이 사건을 맡을 수 없으니 다른 사람에게 맡겨 달라고 부탁했다. 그러고 나서 황급히 법정을 빠져나와 버렸다. 우리 쪽이 이겼는지 졌는지도 알지 못했다. 그 후 남아프리카에 갈 때까지 나

는 두 번 다시 법정에 나가지 않았다.

어쩔 수 없이 나는 교사나 될까 생각했다. 내 영어 실력이면 충분했으므로 학교에서 자격시험을 준비하는 학생들에게 영어나 가르쳤으면 했다. 그래서 신문광고를 보고 한 고등학교를 찾아갔다. 그런데 교장은 내가 대학 졸업생이 아닌 것을 알자 유감스럽게도 단번에 거절해 버렸다. 절망스러웠다. 형도 무척 걱정스러워했다. 곧 우리는 뭄바이에서 시간을 보내는 것은 쓸데없는 짓이라는 결론을 내렸다. 그리하여 나의 첫 변호사 사업은 여섯 달 만에 문을 닫고 말았다.

뭄바이를 떠나 고향 라지코트로 가서 다시 사무소를 차렸다. 거기서는 좀 나았다. 신청서나 진정서를 써서 매달 평균 300루피의 수입을 올릴 수 있었다. 사실 내 능력 때문이라기보다는 내 주위 환경 덕분이었다. 형의 친구 하나가 소송사건 알선을 하고 있었는데, 그가 중요한 사건들은 굵직한 변호사에게 보내고 자질구레한 사건 의뢰인들의 신청서 작성을 내 몫으로 보내 주었던 것이다.

그러던 어느 날 형은 포르반다르에 있는 다다 압둘라 무역회사로부터 제의를 받았다.

"우리는 남아프리카에서 사업을 하는 회사입니다. 그런데 남아프리카 법정에다 4만 파운드의 청구 소송을 제기하고 있습니다. 이 소송은 시간을 꽤 많이 끌고 있습니다. 우리는 유능하다는 변리사, 변호사와 계약을 맺고 있지만, 동생 분을 보내 주신다면 우리에게나 동생 분에게도 도움이 될 것입니다. 동생 분이 우리 변호인들에게 우리보다 더 자세히 지시를 내릴 수 있을 테고, 또 동생 분 스스로도 새로운 세계를 보고 새로운 친구를 사귈 수 있는 좋은 기회가 될 것입니다."

형은 그 문제를 나와 의논했다. 내가 직접 법정에 나가는 일도 해야 하는 것인지 어쩐지 확실하지는 않았지만 나는 그 제안에 마음이 끌렸다.

형이 소개한 다다 압둘라 회사의 관계자는 내게 이렇게 말했다.
"조금도 어려운 일이 아닙니다. 우리에게는 힘 있는 서양 친구들이 많이 있습니다. 당신도 그들과 가깝게 지낼 수 있을 겁니다. 또 우리는 주로 영어로 관련 업무를 하니까 그쪽 일에도 도움을 주십시오. 물론 우리가 초대하는 것이니 비용이 들 것도 없습니다. 당신은 우리 회사에 꼭 필요한 분입니다."

내가 물었다.

"제가 얼마 동안 그 일을 하게 되지요?"

"1년 이상 걸리지는 않을 것입니다. 보수는 의식주 일체를 제외하고도 귀국행 1등칸 여비와 105파운드를 드리겠습니다."

변호사라기보다는 한낱 무역회사의 사환으로 가는 것이나 다름없었다. 그러나 나는 인도를 떠나고 싶었다. 새로운 나라를 보고 새로운 경험을 해 보고 싶었다. 더욱이 그 돈을 형에게 보내 주면 집안 살림에도 보탬이 될 거라 생각했다. 나는 곧 남아프리카로 갈 준비를 시작했다.

희망을 품고 남아프리카로

남아프리카로 떠날 때는 영국으로 갈 때처럼 그렇게 이별의 슬픔을 느끼지는 않았다. 어머니는 이미 돌아가셨고 나도 세상을 조금은 알고 있었다. 또 이미 외국을 다녀온 경험도 있었기 때문이었다. 다만 아내와 헤어지는 것이 무척 괴로웠다. 나는 1년만 있으면 다시 만나게 될 것이라며 아내를 위로하고는 라지코트를 떠나 뭄바이로 향했다.

그곳에서 다다 압둘라 회사의 직원으로부터 승선권을 받기로 되어 있었는데 침대칸을 얻을 수가 없었다. 그 직원은 이렇게 말했다.

"1등칸 승선권을 사려고 사방팔방 다 알아보았는데 잘 안됐습니다.

하는 수 없이 3등칸을 구했습니다. 그렇지만 식사는 1등칸 선실 식당에서 할 수 있습니다."

그 무렵 나는 주로 1등칸으로 여행하였다. 변호사가 어떻게 3등칸을 이용할 수가 있단 말인가? 1등칸 표를 살 수 없었다는 말이 믿기지 않았다. 나는 배에 올라 1등 항해사를 찾았다.

"보통 때는 이렇게 붐비지 않는데, 모잠비크 총독께서 이 배로 가시는 바람에 침대칸은 예약이 끝났습니다."

"한 자리만 어떻게 안되겠습니까?"

그 항해사는 나를 위아래로 훑어보더니 웃으면서 말했다.

"한 가지 방법이 있기는 합니다. 제 선실 안에 여분의 침대가 하나 있습니다. 보통 승객한테는 잘 내주지 않는데 그걸 당신께 내드리지요."

나는 그에게 고맙다고 인사한 다음 회사의 직원을 시켜 표를 사도록 했다.

1893년 4월, 나는 커다란 희망을 품고, 내 운명을 시험해 보고자 남아프리카로 향했다. 배는 라무를 거쳐 몸바사, 잔지바르, 모잠비크를 지나 나탈의 항구 도시인 더반에 도착했다. 배가 부두에 닿자 사람들이 친구를 마중하러 배에 올라왔다. 나는 그때 인도 사람들에 대한 대우가 그리 좋지 않다는 것을 느꼈다. 사람들은 꽤 이상한 눈으로 나를 바라보았다. 프록코트에 터번을 쓴 내 옷차림이 다른 인도 사람하고는 많이 달랐기 때문이었다. 영국인들은 대부분의 인도인이 노동자이기 때문에 모든 인도인을 '쿨리'* 라고 불렀다. 쿨리의 본래 의미는 잊혀지고 인도인에 대한 통칭이 되어 버린 것이다. 어쨌든 그곳에서 나는 '쿨리 변호사'로 알려졌다.

내가 처리해야 할 일은 트란스발에서 진행 중이었다. 1주일 만에 나는 더반을 떠나 트란스발로 향했다. 회사에서 1등칸 기차표 한 장을 사주어서 받았다. 사람들이 주의를 주었다.
"여기는 인도와는 다릅니다. 다행히 돈은 넉넉히 있으니 무엇이든 필요한 것이 있으면 너무 아끼지 말고 쓰십시오."

쿨리 농장 노동자들을 일컫던 말이다. 미국·영국·포르투갈 등 서구 열강이 인도와 중국에서 싼값에 노동자를 사들여 노예처럼 부렸는데 이들을 쿨리라 한다. 우리나라에서도 일본의 지배를 받는 1900년대 초, 남아프리카와 하와이 등으로 많은 사람이 쿨리로 팔려 갔다.

내가 탄 기차가 나탈의 수도 마리츠버그에 도착한 것은 밤 9시 쯤이었다. 한 백인 승객이 들어오더니 나를 아래위로 훑어보았다. 그는 내가 유색인종인 것을 알고는 곧장 나가더니 역무원 둘을 데리고 돌아왔다. 역무원이 나를 보고 소리쳤다.

"이리 와. 당신은 저 짐차칸으로 가야 해."

나는 영문을 몰라 내 기차표를 보여 주었다.

"1등칸 좌석표를 가지고 있는데 무슨 말이오?"
옆에 있던 다른 역무원이 거들었다.
"그게 문제가 아니야."
"어서 짐차칸으로 가라고 했잖아!"
"분명히 말하지만 나는 더반에서 이 칸에 타도록 허락을 받았소. 그러니 이대로 앉아 있을 것이오."
"안 된다니까! 이 칸에서 나가란 말이야. 그렇지 않으면 경찰을 불러서 밖으로 밀어내겠어."
"맘대로 하시오. 그러나 내 발로는 한 발짝도 움직이지 않을 거요."
경찰이 왔다. 그는 내 손을 잡아 끌어냈다. 내 짐도 내동댕이쳤다. 그리고 기차는 떠났다. 나는 터덜터덜 대합실로 가 앉았다. 손가방은 들고 있었지만 다른 짐은 버려졌던 그대로 놔두었다. 철도원이 그것을 가져가 보관해 두었다. 때는 겨울이었다. 남아프리카 고지대의 겨울은 매우 춥다. 마리츠버그는 특히 지대가 높아 지독히 춥다. 외투는 짐 속에 있었는데 또다시 모욕을 당할까 싶어 솔직히 달란 말조차 하기 싫었으므로 그냥 추위에 떨었다. 대합실은 등불도 켜 있지 않았다. 나는 어떻게 해야 할지 생각했다. 내 권리를 위해 싸울 것인가? 인도로 돌아갈 것인가?

다음 날 철도 총지배인에게 긴 전보를 치고 회사 직원에게도 그 사실을 알렸다. 회사 직원은 즉시 달려와 총지배인을 만났다. 그렇지만 총지배인은 철도 당국은 잘못이 없다고 했다. 마리츠버그에 있는 인도 상인들도 역으로 나와 주었다. 그들은 그간 자기들이 당한 고통을 이야기하면서 나를 위로해 주었다. 내가 당한 일은 남아프리카에서 항상 있는 일이라고 했다. 인도인은 승무원과 승객들로부터 천대받을 각오를 해야 한다는 것이었다.
내가 당한 고통은 아무것도 아니었다. 유색인종에 대한 뿌리 깊은 차별의 한 부분에 지나지 않았다. 나는 어떠한 고통을 겪더라도 인종차별을 뿌리 뽑아야 했다. 나는 다음에 오는 기차를 타고 떠나기로 결심했다. 그러나 내게는 한 가지 고난이 더 남아 있었다.

기차가 찰스타운에 닿은 것은 아침이었다. 찰스타운과 요하네스버그 사이에는 기차는 없고 역마차만 다녔다. 내가 탄 역마차는 도중에 쉬면서 밤을 보냈다. 역마차 표는 날짜가 하루 지나도 사용할 수 있는 것이었다. 그런데 마차를 관리하는 백인은 내가 인도인이라는 것을 알고 내 표가 무효라고 우겼다. 자리가 없어서 그런 것은 아니었다. 승객들은 모두 마차 안에 태워야 하는 것이 원칙이었지만, 백인 관리인은 쿨리인 나를 백인 승객들과 함께 앉히지 말아야겠다고 생각했던 것이다. 마부석 양옆에 자리가 하나씩 있는데 백인 관리인이 보통 그 중 한 자리에 앉았다. 그런데 자신은 마차 안에 앉고 나보고 자기 자리에 앉으라는 것이었다. 부당하고 모욕적이었지만 나는 꾹 참았다. 억지로 마차 안에 들어가 앉을 수도 있었지만, 내가 항의한다면 나를 태우지 않고 그냥 떠나 버릴지도 몰랐기 때문이다. 그렇게 되면 또 하루를 허비하게 될 것이다. 속에서는 화가 부글부글 끓어올랐지만 나는 조용히 마부 옆자리로 옮겨 앉았다. 오후 3시쯤 마차가 어느 도시에서 잠시 쉬었다. 그 백인 관리인은 담배가 피우고 싶었는지 마차 밖으로 나와 바닥에 더러운 천을 하나 깔더니 나에게 말했다.
"쿨리, 여기 앉아. 내가 마부 옆에 앉아야겠어."
나는 참을 수가 없었다.

"내가 당연히 마차 안에 앉아야 하는데, 당신은 나에게 여기에 앉으라고 했소. 나는 그 모욕을 참았소. 그런데 이제는 밖에 앉아 담배를 피우고 싶다고 나더러 당신 발밑에 앉으란 말이오? 그렇게는 못하겠소. 나는 안에 들어가 앉을 거요."

내가 말을 마치자마자 그는 곧장 내게로 다가오더니 내 뺨을 힘껏 후려갈겼다. 그러고는 내 팔을 잡아 끌어내리려 했다. 나는 마부석의 쇠로 된 손잡이를 힘껏 붙잡고 손목뼈가 부러지는 한이 있더라도 버티기로 했다. 마차 안의 승객들이 그 광경을 내다보고 있었다. 백인 관리인은 계속 욕설을 퍼부으며 나를 끌어당기고 때렸다. 나는 모든 고통을 꿋꿋이 참으며 앉아 있었다. 승객 가운데 몇몇이 나를 불쌍히 여겨 소리쳤다.

"이보시오, 그만두시오. 그 사람은 아무 잘못도 없소. 여기 들어와서 우리와 같이 앉으라고 하시오."

"안 됩니다."

그가 소리쳤다. 그러나 기가 좀 죽은 듯 때리기를 멈추었다.

스탠더턴에 도착하자 인도 사람들의 얼굴이 보였다. 나는 비로소 안도의 숨을 내쉬었다. 내가 그들에게 내가 당한 이야기를 들려주자 그들은 몹시 안타까워했고, 자신들이 당했던 쓰라린 경험을 이야기하며 위로해 주었다. 남아프리카의 인도인들이 얼마나 고통받고 있는지도 아울러 이야기해 주었다.

"여기서 며칠만 있으면 이곳 사정을 다 알게 될 겁니다. '우리'니까

이런 곳에서 사는 겁니다. 돈을 벌려니 그 모욕을 다 참는 거지요."
어떤 사람은 이렇게도 말했다.
"이 나라는 당신 같은 분에게는 적당하지 않습니다. 어쨌거나 내일은 떠나야지요. 3등칸으로 가셔야 합니다. 트란스발의 상황은 나탈보다 더 나빠요. 1, 2등칸 좌석표는 인도인에게는 아예 팔지도 않습니다."
나는 물었다.
"지금껏 가만히 있었단 말이오?"
"대표도 보내 봤어요."
나는 철도 규정을 갖다 달라고 해서 읽어 보았다. 옛날에 만들어진 트란스발의 법령은 정확하지도 분명하지도 않았는데 철도 규정은 그것만도 못했다.
"나는 1등칸으로 가겠습니다. 만일 안 된다면 차라리 택시로 가겠습니다."
그러나 택시는 시간과 돈이 많이 들었다. 나는 역장에게 편지를 보냈다. 나는 변호사로서 주로 1등칸을 이용한다는 말과, 가능하면 일찍

프리토리아에 도착해야 하니 1등칸 좌석표를 기차역에 가서 받고 싶다고 썼다.

나는 넥타이를 매고 프록코트를 입었다. 그리고 역무원에게 가서 기차 요금으로 금화 한 닢을 내밀며 1등칸 좌석표를 달라고 말했다.

"편지 보내신 분입니까?"

"그렇습니다. 표를 주면 고맙겠습니다. 나는 오늘 안으로 프리토리아에 가야 합니다."

그는 빙그레 웃으면서 말했다.

"당신을 이해합니다. 차표는 드리겠지만 조건이 있습니다. 만일 역무원이 3등칸으로 가라고 하면, 그때 나를 당신 문제에 끌어들이지 마십시오."

나는 1등칸에 자리를 잡았고 기차는 떠났다. 역무원이 표 검사를 하려고 들어왔다. 역무원은 내게 화를 내며 3등칸으로 가라는 손짓을 했다. 나는 그에게 내 차표를 보여 주었다.

"필요 없어. 3등칸으로 가!"

그때 기차 안에는 영국인 승객 한 사람만 있었다. 그 사람이 나를 도와주었다.

"왜 그분을 귀찮게 굴어요? 그분이 1등칸 표를 가지고 있는 것 안 보여요?"

"손님이 쿨리와 함께 가는 것이 좋다면야 내가 무슨 상관을 하겠소?"

역무원은 툴툴거리며 자리를 떴다.

저녁 8시쯤 기차가 프리토리아에 도착했다.

1893년 프리토리아는 어두컴컴하고 여행객도 적었다. 승객은 모두 떠나고 역은 텅 비어 있었다. 나는 역무원에게 묵을 만한 호텔을 물어보았지만 도움이 될 만한 말은 없었다.

그때 어떤 흑인 한 사람이 말을 걸어왔다.

"보아하니 여기가 처음이군요. 나를 따라오면 조그만 호텔로 안내해 드리리다."

나는 그 사람을 따라 한 가족 호텔로 갔다. 호텔 주인은 나에게 그날 밤 하루 묵는 것을 허락했지만 거기에서도 조건이 따라붙었다.
"나는 인종차별을 하지는 않지만 내가 당신을 식당에 들이면, 다른 손님들이 좋아하지 않을 거요. 그러니 식사는 방에서만 해 주시오."
이제 나도 어지간히 이곳 사정에 익숙해진 터라 괜찮다고 말했다.

프리토리아에서 인도인들과의 만남을 갖기 시작했다. 첫 번째로 그곳에 있는 전 인도인 모임을 열어, 그들에게 트란스발의 상황을 알려 달라고 했다. 이 모임에서 나는 평생 처음으로 연설을 했는데, 주제는 사업에 있어서 진실성을 지켜야 한다는 것이었다. 나는 거기서 남아프리카에 사는 인도인이 당하는 차별에 대해 관계 당국과 교섭하기 위한 협의회를 만들자고 제안했다. 그리고 그것을 위해 나 자신도 최대한의 시간과 노력을 제공하겠노라고 약속했다. 내 연설이 청중에게 깊은 감명을 준 것 같았다.

나는 곧 철도 당국과 교섭을 시작했고, 적당한 복장을 갖춘 인도인에게는 1, 2등칸 좌석표를 팔겠다는 내용의 회답을 받아 냈다. 그러나 그것은 진정한 개선이 아니었다. '적당한 복장'을 결정하는 것은 역장 개인의 판단에 달렸기 때문이었다.

인도인 문제를 다룬 신문을 우연히 읽고, 오렌지 자유주에서 인도인들이 얼마나 잔혹하게 핍박받고 있는지도 알았다. 나도 그곳에 머무르면서 트란스발과 오렌지 자유주 인도인의 사회적, 경제적, 정치적 상황을 깊이 인식할 수 있었다. 그것은 내 일생에 귀한 경험이었다.

무역회사의 소송사건을 통해 나는 법의 진정한 활용을 배웠다. 나는 법정 밖에서 합의를 끌어내는 데 주력했다. 나의 중재에 양쪽 다 만족했다. 법률인의 진정한 역할은 서로 갈라진 양쪽을 화해시키는 것이었다. 일이 잘 마무리되었으므로 프리토리아에 더 머물러 있을 필요가 없었다. 그래서 더반으로 가 인도로 돌아갈 준비를 하기로 했다.

나탈 인도회의의 탄생

더반으로 떠나기 전날 회사에서는 나를 위해 송별회를 열어 주었다. 그런데 송별회에서 신문을 뒤적이다가 인도인의 선거권을 박탈하는 내용의 법안이 제출되었다는 기사를 보았다. 깜짝 놀란 나는 송별회에 모인 사람들에게 그 내용을 알고 있느냐고 물었다.

"그것을 우리가 어떻게 알아요?

우리는 그저 장사만 합니다. 당신도 아는 바와 같이 오렌지 자유주에서 백인들은 우리 인도인 사업을 싹 쓸어 버리고 말았어요. 반대 운동도 해 보았지만 글을 모르니 우리 모두 눈 뜬 장님이죠."

"여기서 태어나 교육을 받은 젊은이들이 있지 않습니까. 그들이 도와주지 않습니까?"

"우리를 도와줄 생각이 없어요. 그 사람들은 기독교로 개종을 하고 나서 모두 백인 편이 되었는걸요."

나는 깜짝 놀랐다. 그때 누군가 이렇게 외쳤다.

"인도행 배표를 찢어 버리고 한 달만 더 머무세요. 그럼 우리가 당신이 이끄는 대로 싸우겠습니다."

사람들이 외쳤다.

"옳소, 옳소."

나는 나탈에 정착하기로 했다. 그리고 친구들과 협력하여 영구적인 성격을 갖는 공공단체를 조직하는 일에 몰두했다. 드디어 5월 22일 우리는 '나탈 인도회의'를 탄생시켰다.

법정의 상징은 양팔 저울을 들고 있는 앞 못 보는 여인이다. 운명은 그 여인을 일부러 장님으로 만들어 외모가 아닌 그 내면으로 사람을 판단하기를 바란 것이다. 그러나 최고 재판소는 그 상징을 외면하고 있었다. 나는 최고 재판소에 변호사 허가 신청서를 냈지만 유색인이란 이유로 허가를 받는 데 많은 어려움을 겪었다.

뿐만 아니라 1894년 나탈 정부는 계약 노동자에게 해마다 25파운드의 세금을 부과하려고 했다. 나는 그 사건을 나탈 인도회의에 토의 안건으로 내놓고 즉시 반대 운동을 펴기로 했다. 우리는 이 세금에 반대하는 운동을 치열하게 전개했다. 만약 나탈 인도회의가 그 문제에 대해 침묵을 지켰다면 총독은 아마도 25파운드의 세금을 승인했을 것이다. 나탈 인도회의는 세금 반대 운동을 통해 세금을 25파운드에서 3파운드로 감소시켰다. 그러나 이것을 큰 성공이라 생각할 수는 없었다. 계약 노동자의 이익을 철저히 옹호하지 못한 것이 유감이었다.

진리는 끝내 승리하였다. 나탈 인도회의가 투쟁을 중도에 포기하고 세금을 불가피한 것으로 생각하였다면 25파운드나 되는 부당한 세금은 계약 노동자에게 모두 부과되었을 것이다. 그리고 이는 남아프리카의 인도인뿐 아니라 전체 인도인에게 영원한 치욕으로 남았을 것이다.

남아프리카에서 그렇게 3년을 보냈다. 1896년 나는 6개월 동안 본국에 다녀오기로 했다. 인도로 가서 가족을 데리고 와 이곳에서 살기로 결심했던 것이다. 또 인도에 가서 여론을 일으켜 남아프리카에 있는 인도인에 대한 한층 더 깊은 관심을 갖게 하고자 생각하고 있었다. 3파운드 세금 문제도 아직 해결되지 않았다. 그것이 철폐되기 전에는 가만히 있을 수가 없었다.

나는 남아프리카를 떠난 지 24일 만에 인도에 도착해 라지코트로 갔다. 그리고 남아프리카에 대한 소개 책자를 쓸 준비를 하기 시작했다. 그것을 인쇄하는 데 한 달이 걸렸다. 그 표지가 녹색이었기에 나중에는 '녹색 팸플릿'으로 알려졌다. 그 팸플릿에서 나는 일부러 남아프리카에 있는 인도인의 상태를 더 온건하게 묘사했다. 전해 듣는 이야기란 언제나 과장되는 법이기 때문이었다.

1만 부를 인쇄하여 전국의 각 신문과 각 단체의 지도자들에게 보냈다. 《더 파이어니어》가 맨 먼저 사설란에서 그것을 소개해 주었다. 내가 알기로 그 신문은 인도인의 발전을 반대하는 신문이었다. 그 사설을 요약한 것을 로이터 통신이 영국으로 전보를 쳐서 보냈고, 그 요약문을 다시 요약한 것을 로이터 통신의 런던 사무소가 나탈로 전보를 쳐서 보냈는데, 그 내용은 고작 세 줄로 다소 과장되어 있어 내 글 같지가 않았다. 이것이 나탈에서 어떤 결과를 가져왔는지는 곧 알게 될 것이다.

이 팸플릿을 우편으로 발송하는 것은 쉬운 일이 아니었다. 나는 마을 아이들을 전부 불러 놓고, 수업이 없는 날 아침 두세 시간만 일을 좀 해 주지 않겠느냐고 부탁했다. 다행히 다들 좋다고 승낙을 해 주었다. 아이들은 순식간에 일을 해치웠다. 이것이 내가 어린아이들에게 처음으로 자원 봉사를 시켜 본 일이었다.

이 무렵 뭄바이에 전염병이 돌기 시작했다. 라지코트에도 발병할 우려가 있었다. 나는 위생국 직원들과 함께 현장 조사를 시작했다. 화장실의 청결이 가장 중요하다고 생각하여 먼저 화장실의 위생 상태를 조사했다. 내 경험에 의하면 상류층일수록 화장실이 더 더러웠다. 어둡고, 냄새가 코를 찔렀다. 오줌과 똥이 흘러나오고 구더기가 득실거렸다. 우리가 제시한 개선책은 아주 간단했다. 대소변이 땅에 스며들지 않도록 큰 통을 준비하는 것이다.

나는 불가촉천민의 거주 지역도 검사하려고 했다. 그런데 나와 함께 그곳에 가겠다는 사람이 단 한 명뿐이었다. 다른 사람들은 그 지역에 가는 일을 상상조차 못 했으니, 화장실 검사란 엄두도 못 낼 일이었다. 나 역시 불가촉천민 지역은 처음이었다. 그곳 사람들도 우리가 온 것을 보고 깜짝 놀랐다. 불가촉천민 지역을 한 바퀴 돌아보고 나는 놀랄 정도로 기분이 좋아졌다. 나는 그들에게 화장실을 좀 보여 달라고 했다. 그들은 놀라며 이렇게 말했다.

"저희에게 화장실*이 어디 있습니까? 저희야 한갓진 곳에 보면 그만

* 불가촉천민의 집은 일반적으로 화장실을 갖추고 있지 않다.

입니다. 화장실이야 어르신들 집에나 있는 것이지요."
"알았어요. 그러면 방을 좀 보여 줄 수 있나요?"
안에 들어가 보았더니 안팎이 모두 깨끗했다. 출입구는 깔끔하게 정돈되어 있었고 방바닥은 소똥*으로 매끈히 발라져 있었다. 몇 개 안 되는 그릇들은 반짝반짝 윤이 나기까지 했다.

상류층 지역의 화장실에 대해서 좀더 이야기를 해야겠다. 방마다 하수 시설이 있는데 거기에 물도 소변도 다 버리는 것이었다. 그러다 보니 집 전체에서 코를 찌르는 냄새가 진동하였다. 어떤 집은 침실이 아래 위층으로 있는데 방 안에 하수 시설이 있어서 거기서 대소변을 다 보게 되어 있었다. 그런데 하수관을 통해 올라오는 고약한 냄새 때문에 도저히 그 방 안에 서 있을 수 없었다. 그러니 그 방에 있는 사람이 어떻게 잠을 잘 수 있었을까? 그것은 독자들의 상상에 맡긴다.

팸플릿 일로 분주한 사이 잠깐 짬을 내어 뭄바이에 다녀온 일이 있었

---

*인도 사람들은 힌두교 전통에 따라 소를 신성시한다. 소의 똥도 마찬가지다. 인도 사람들은 소똥이 더러운 것을 '정화'하는 힘을 갖고 있다고 생각한다. 실제로 소똥을 잘 말려서 벽에 바르면 소똥 자체의 냄새는 사라지고 다른 냄새를 막아 준다. 뿐만 아니라 소똥은 땔감으로도 쓰인다.

는데 누군가 내게 페로제샤 메타 경을 만나 보는 것이 좋겠다고 조언해 주었다. 페로제샤 경은 '뭄바이의 사자', '왕관 없는 왕'이라는 칭호를 듣고 있었다. 페로제샤 경은 마치 늙은 아버지가 장성한 아들을 만나는 것처럼 나를 맞아 주었다. 그는 즉시 나를 도와주기로 하고 내게 공개 모임을 열어 주기로 했다. 너무나 기뻤다.

그런데 모임 날, 연설문을 읽기 시작하자마자 목소리가 떨리기 시작했다. 할 수 없이 페로제샤 경의 비서가 대신 연설문을 읽어 주었다. 이것이 처음으로 내가 경험한 대중 집회였다. 이 집회 덕분에 나는 몇 명의 친구들로부터 열렬한 호의를 받았고, 그 중 두 사람은 나와 함께 남아프리카로 갈 결심까지 했다.

이 무렵 나는 고칼레*도 만났다. 그는 아주 친절했으며 그의 이러한 태도가 나의 마음을 사로잡았다. 우리는 마치 오래된 친구를 다시 만나기라도 한 것 같았다. 고칼레는 모든 이를 거룩하게 만드는 갠지즈 강과 같았다. 그는 남아프리카의 현실을 듣고 나를 도와주겠다고 했

고칼레 인도 라트나기리에서 태어나 인도의 독립과 점진적 개혁을 위해 일한 정치가이자 교육가이다. 1884년부터 사학의 경영과 교육에 종사하였고, 역사와 경제학을 가르쳤다. 그 후 인도 국민회의의 지도자로서 활동했다. 또한 '인도 사회 봉사자 협회'를 열어 청년 교육과 훈련에 힘썼다. 간디에게 스승과 같은 존재였다.

다. 감사와 축복의 말도 잊지 않았다. 그 후 마드라스를 거쳐 캘커타로 갔는데 거기서는 일이 좀 어려웠다. 그곳에서 공공 집회를 갖는 것은 쉬운 일이 아니었다. 그곳 신문사를 찾았으나 방문객들이 무척이나 많아 성과는 없었다. 그때 더반에서 급히 귀환하라는 전보를 받았다. 나는 급히 뭄바이로 돌아가 과부가 된 누이와 가족을 데리고 남아프리카로 향했다. 그때가 12월 초였다.

남아프리카에서의 진리 실험

12월 18일경 배는 더반 항에 닻을 내렸다. 그런데 더반에 사는 백인들이 배에 탄 우리를 본국으로 다시 보내라는 시위를 하고 있었다. 내가 인도에 있는 동안 나탈의 백인들을 함부로 비난했다는 것이었다. 뿐만 아니라 내가 나탈을 온통 인도인으로 들끓게 할 작정으로 일부러 배에 이주민을 잔뜩 싣고 왔다는 것이었다.

우리는 23일이나 배에 갇혀 있다가 겨우 입항 허가를 얻었다. 다른 승객들은 곧 육지에 발을 딛었다. 그렇지만 백인들이 나에 대해 극도로 분노하고 있었기 때문에, 누군가 나와 내 가족은 해가 진 후 몰래 배를 빠져나가는 것이 좋겠다고 했다. 그때 다다 압둘라 회사의 법률고문인 로턴 씨가 다가와 말했다.

"부인과 아이들은 마차로 보내고 당신과 나는 함께 걸어서 나갑시다. 도둑처럼 밤에 시내로 들어간다는 것은 도무지 마음에 내키지 않습니다. 설마 당신을 해치기야 하겠습니까?"

나는 그렇게 하는 것이 좋을 듯했다. 그러나 육지에 오르자 백인 젊은이 몇몇이 나를 알아보고 소리를 질렀다.

"간디, 간디!"

대여섯 명쯤 되는 남자들도 달려와 함께 떠들어 댔다. 로턴 씨가 황급히 인력거를 불렀다. 그러나 젊은이들은 내가 인력거에 타도록 내버려 두지 않았다. 그들이 인력거꾼을 겁주자 인력거꾼은 도망가 버렸다. 사람들이 모여들었다. 그들은 내게 돌, 벽돌, 썩은 계란을 던지기 시작했다. 누군가 내 터번을 잡아 벗겼다. 곧 사람들이 달려들어 나를 때리고 발로 차기 시작했다. 마침 나를 아는 경찰서장의 부인이 그곳을 지나가고 있었다. 이 용감한 부인이 재빨리 달려와, 양산을 펴 들고 사람들에 맞서 나를 방어해 주었다. 덕분에 나는 경찰의 호의를 받으며 친구의 집에 도착했다. 그러나 밤이 깊어 가도록 성난 군중들은 밖에서 "간디를 내놓아라!" 하며 고래고래 소리를 질렀다. 나는 하는 수 없이 인도인 경찰 제복을 입고 머리에는 목도리를 쓰고 그 한 끝을 둘러감아 변장을 한 채 그 집을 빠져나와 경찰서로 숨어들었다.

그 와중에 나는 나탈 신문기자와 인터뷰를 했다. 내가 가해자를 고발하지 않겠다는 말이 그 기자에게 꽤 강한 인상을 주었던 것 같다. 그 신문기자는 내가 잘못한 일이 없음을 밝혀 주었고, 아울러 난동을 부린 사람들을 비난하는 글을 실었다. 그로 인해 남아프리카 인도인 단체의 위신은 높아졌고 나 또한 하는 일이 쉬워졌다. 3, 4일 후 집으로 돌아와 평온한 생활을 할 수 있었다.

남아프리카로 이주할 때 이미 나는 누이의 아들을 포함해 세 아이를 데리고 있었다. 이 아이들의 교육 역시 나의 몫이었다. 아이들을 위해 많은 시간을 바칠 수는 없었다. 충분히 보살펴 줄 능력도 없었고 또 그렇게 할 수도 없었다. 다만 책을 읽어 가며 아이들을 양육했고 이런저런 경험을 잘 이용했다. 또한 나의 채식 습관을 아이들과 아내도 지키기를 바랐는데 다행히 잘 따라 주었다.

모든 일이 만족스럽게 진행되었다. 그러나 나는 그것으로 만족할 수가 없었다. 생활을 더 간소하게 해야 한다는 것과, 동포들을 위해 구체적인 봉사 활동을 해야겠다는 생각이 늘 내 마음을 사로잡고 있었다. 그때 마침 문둥병 환자 하나가 우리 집에 찾아왔다. 고작 밥이나 한 끼

먹여서 보내고 싶지 않았다. 나는 그에게 잠자리를 내어주고 직접 상처를 보살펴 준 다음, 계약 노동자를 위한 정부 병원으로 보냈다.

그 뒤에도 여전히 마음이 편치 않았다. 선교회의 책임자였던 부스가 조그마한 자선병원을 운영하고 있었는데 나는 그에게 그 병원에서 간호사로서 봉사하고 싶다고 청했다. 그리하여 나는 내 사무실에서 일하는 시간을 쪼개어 그 병원 약국에서 조제사 일을 했다. 매일 오전에 2시간씩 일을 했다. 그제서야 내 마음에 평화가 찾아왔다.

내 일은 환자의 병세를 알아보고, 그것을 의사에게 보고하고, 처방에 따라 약을 조제하는 것이었다. 환자들은 대부분 북인도에서 온 계약 노동자들이었다. 그 일은 고통받는 그들에게 보다 가깝게 다가갈 수 있는 기회가 되었다. 뿐만 아니라 나중에 보어전쟁에서 부상병을 간호하는 데 커다란 도움이 되었다.

살림도 해 보고 정성 들여 집안도 꾸며 보았지만 도무지 마음에 들지 않았다. 나는 좀더 비용을 줄여야겠다고 생각했다. 우선 세탁비가 많이 나가고 있었다. 게다가 세탁소 사람들은 날짜를 잘 지켜 주지도 않았기 때문에 셔츠나 덧대는 옷깃을 몇십 개씩 가지고 있어도 항상 모자랐다. 옷깃은 날마다 바꿔 달아야 하고 셔츠는 이틀에 한 번은 갈아입어야 했다. 나는 세탁 기구를 장만하고는 책을 사서 공부하고 아내에게도 그것을 가르쳐 주었다. 처음으로 내가 빨아 입었던 옷깃은 지금도 기억에 생생하다. 풀을 너무 많이 먹인 데다 옷깃이 타 버릴까 다리미를 제대로 달구지 않은 탓에 그만 옷깃이 뻣뻣해지고 말았다. 게다가 풀가루가 폴폴 떨어졌다. 그런 옷깃을 셔츠에 덧달고 법정에 나갔으니 동료 변호사들이 어떻게 웃음을 참을 수가 있었겠는가. 하지만 나는 그깟 비웃음에는 끄떡도 하지 않았다.

"내가 처음 빨아 본 옷깃이라서 풀가루가 자꾸 떨어지지만 괜찮네. 이것으로 자네들을 웃겼으니 그것만으로도 좋은 일 하나는 했네그려."

"아니, 동네에 세탁소가 없나?"

누군가 물었다.

"세탁비가 엄청나거든. 새로 사는 비용과 거의 맞먹는단 말이야. 차라리 내 물건은 내 손으로 빠는 게 낫지."

고칼레가 남아프리카에 왔을 때 그는 선물받은 귀한 목도리를 하고 있었다. 아주 특별한 날에만 그 목도리를 둘렀는데 한 번은 구겨져 있어서 다림질을 해야만 했다. 세탁소에 보내 다려 올 시간이 없어 내가 하겠다 청하니, 고칼레가 말했다.

"자네 변호사 실력은 믿지만 세탁 실력은 못 믿겠네. 목도리를 망쳐 놓으면 어쩌려고 그러나?"

그러나 나는 끝까지 고집을 부렸다. 결국 그는 허락했고 나는 내 실력을 유감없이 발휘할 수 있었다.

세탁소를 이용하지 않은 것과 마찬가지로 나는 이발소에 가는 것도 그만두었다. 영국에 드나드는 사람은 대부분 면도하는 것을 배우는데, 내가 알기로 자신의 머리를 깎는 법을 배운 사람은 없었다. 나는 그것도 배워야겠다고 생각했다.

프리토리아에서 영국인 이발사에게 머리를 깎으러 간 일이 있었다. 그런데 이발사는 나를 무시하는 태도로 내 머리를 깎아 줄 수 없다고 말했다. 몹시 기분이 나빴다. 나는 곧 이발 기구 한 벌을 사서 거울 앞에

섰다. 그리고 혼자서 내 머리를 깎았다. 그럭저럭 앞머리는 깎았는데 뒤쪽은 잘 되지 않았다. 그런 채로 법정에 나갔더니 친구들이 법정이 떠나가도록 웃어 댔다.

"여보게 간디, 자네 머리가 어떻게 된 거야? 쥐가 파먹기라도 한 거야?"

"아니야, 백인 이발사가 내 까만 머리에 손을 대지 못하겠다고 하잖아. 그래서 내 손으로 깎기로 했다네. 허허, 조금 흉하긴 하지?"

그 대답을 듣고 친구들은 놀라지 않았다. 이발사가 내 머리 깎기를 거절한 것은 잘못이 아니었다. 쿨리의 머리를 깎았다가는 곧 손님을 다 잃어버리게 될 테니까. 인도인 이발사들도 불가촉천민의 머리 깎는 것을 용납하지 않는다. 나는 그대가를 남아프리카에 와서 톡톡히 받았는데, 죄에 대한 벌이라는 생각 때문에 결코 화내지 않았다.

1897년부터 1899년 사이의 여러 가지 일들은 생략하고 보어전쟁* 이야기를 해야겠다. 전쟁이 선포되었을 때 개인적으로는 보어인에게 끌렸다. 그러나 개인적인 의견을 강요할 권리는 내게 없었다. 나는 다만 영국 통치하에 있는 사람으로서의 충성심 때문에 그 전쟁에서 영국 편을 들었다. 대영제국의 한 시민으로서 내 권리를 주장하려면 대영제국을 방어하는 일에 참가하여 의무를 다해야 한다고 생각했다. 당시 나는 인도가 완전한 해방을 하려면 오직 대영제국 안에서 또 대영제국을 통해서만 가능하다고 생각했다. 그래서 가능한 한 많은 동지를 모아 환자 수송병 의용대에 지원했다. 우리는 6주간 복무 후 해산했다. 그것은 보잘것없는 것이었으나 당시 많은 칭찬을 들었고 신문들은 "인도인도 대영제국의 아들이다."라고 말했다. 우리 지휘관들은 훈장까지 받았다. 덕분에 인도인 단체의 조직도 조금 개선되었고, 백인들

보어전쟁 1899~1902년에 걸쳐 네덜란드인의 자손인 보어인이 건국한 트란스발 공화국과 영국 사이에 일어났던 전쟁이다. 오렌지 자유국이 트란스발 공화국을 도와 영국에 대항했으나 결국 영국이 승리한다.

의 태도도 눈에 띄게 달라진 것 같았다. 전쟁 중에 맺어진 백인과의 관계는 참으로 아름다웠다.

인도로 돌아오다

군대에서 돌아오자 이제 내가 할 일은 인도에 있다는 생각이 들었다. 고국에 있는 친구들도 어서 돌아오라고 했고, 나도 본국에서 봉사할 일이 더 많은 것이라고 생각했다. 남아프리카에서의 일은 다른 동료에게 맡겼으나, 친구들은 쉽사리 인도행에 동의하지 않았다. 나는 그들이 나를 필요로 한다면 1년 이내에 다시 돌아오겠다는 약속을 하고 겨우 귀국할 수 있었다.

인도로 돌아올 때 나는 많은 선물을 받았다. 이번 송별은 정말 굉장했다. 금은붙이는 물론 다이아몬드 선물도 있었다. 내가 이 모든 것을 받을 자격이 있을까?

선물 중에는 값이 꽤 나가는 금 목걸이가 하나 있었는데 내 아내에게 준 것이었다. 그러나 그것조차도 공적인 활동의 대가로 받은 것이었으므로 다른 선물들과 다를 바 없었다. 엄청난 선물을 받은 날 밤, 잠을 이룰 수가 없었다. 값비싼 선물을 내다 버릴 수는 없었고 그렇다고 지니고 있는 것은 더욱 안 될 일이었다. 우리 집에는 값 나가는 장식품이라고는 없었다. 나는 그동안 성실하고 검소한 생활을 해 왔다. 그런데 어떻게 하루아침에 금시계를 차고 다이아몬드 반지를 끼고 돌아다닐 수

있단 말인가? 이것들을 절대로 가져서는 안 된다고 생각했다. 그러나 아내를 설득하기는 조금 힘들었다. 아내는 아이들에게 아무것도 줄 수 없다는 것이 몹시 속상했는지 끝내 눈물을 흘렸다.

"나는 당신을 위해 밤낮으로 뼈 빠지도록 일했어요. 그것은 봉사가 아닌가요? 당신이 시킨 온갖 일을 피눈물을 흘리며 했어요. 노예처럼 일했다고요."

그 말이 가시처럼 내 마음을 찔렀다. 그렇지만 이미 공적인 일을 하는 사람은 절대로 값비싼 선물을 받아서는 안 된다는 원칙을 세운 뒤였다. 결국 아내도 내 뜻을 이해하고 받아들였다.

드디어 고국에 발을 딛었다. 인도에 도착한 후 얼마 동안 각 지방을 여행하면서 지냈다. 여행 중에 불가촉천민의 비참한 처지를 많이 목격하였다.

어느 날 화장실이 무척 더러운 것을 보고 직원에게 말했더니, "그것은 우리 일이 아닙니다. 불가촉천민인 청소부들이나 할 일이지." 하고 대답했다. 나는 곧 빗자루를 달라 했다. 직원은 이상하다는 듯 나를 쳐다보았다. 내 손으로 빗자루를 구해서 화장실 청소를 했지만 그것은 결국 나 자신을 위해 한 셈이 되었다. 몰려드는 사람은 많고 변소는 몇 개밖에 없으니 나 혼자서는 다 감당할 수가 없었다. 결국 나는 내가 이용할 화장실 하나를 청소하는 것으로 만족할 수밖에 없었다.

나는 '인도 국민회의'* 에서 고칼레도 만났다. 그리고 고칼레와 한 달을 함께 있었다. 그는 1분 1초도 헛되게 보내지 않았다. 개인적인 일이나 교우 관계까지도 모두 다 나라를 위한 것이었다. 고칼레가 하는 말은 모두 나라를 위한 것이었고, 그의 주된 관심사는 인도의 가난과 인도에 대한 영국의 속박이었다. 그러나 그가 자신의 건강을 위해 운동을 하지 않는 것은 이해할 수 없었다.

"선생님께서는 왜 산책도 안 하십니까? 그러니까 항상 몸이 불편하시죠. 공적인 활동을 하신다고 운동할 시간도 없단 말씀입니까?"

그가 대답했다.

인도 국민회의 1885년에 인도 독립을 목적으로 뭄바이에서 결성된 인도의 보수 정당이다. 1차 세계대전 뒤에 간디는 네루와 함께 인도 국민회의에서 인도 독립과 인도 사회의 발전을 위해 일한다.

"자네 보기에 내가 어디 산책할 시간이 있어 보이나?"
고칼레를 진심으로 존경했기에 한 번도 맞서 본 일은 없다. 그저 잠자코 있었지만 그때나 지금이나 나는 확신한다. 아무리 일이 많더라도 밥을 먹어야 하는 것과 마찬가지로, 사람은 반드시 시간을 내서 운동을 해야 하는 법이다. 내 좁은 소견으로는, 그렇게 하는 것이 일에 도움이 되면 되었지 손해를 입히지는 않는다.

나는 두 가지 일에 매달려 하루를 보냈다. 하나는 남아프리카의 일을 위해 중요한 위치에 있는 사람들을 만나는 것이었고, 또 하나는 시내에 있는 종교 기관과 공공시설을 찾아가 연구에 힘쓰는 것이었다. 고칼레의 집에 머물렀던 것이 그 일을 수월하게 해 주었고 사람들과 좋은 만남도 가질 수 있게 해 주었다.
이곳에서의 내 일이 끝나자 나는 이곳을 떠나 다른 곳을 가 보기로 했다. 3등칸 열차로 인도를 돌면서 불편한 점이 무엇인가를 직접 알아보기로 한 것이었다. 여행은 캘커타를 출발하여 베나레스, 아그라, 자이

푸르, 파란푸르를 거쳐 라지코트를 최종 목적지로 하였다.

지금도 그때나 3등칸 객실은 불결하고 화장실 시설이 아주 나빴다. 게다가 언제나 정원 초과였다. 철도 당국의 무관심과 3등칸 승객의 몰상식한 습관들이 3등칸의 여행을 아주 힘들게 했다.

이 기가 막힌 상태를 개선하기 위해서는 오직 한 가지 방법뿐이다. 지식인들이 3등칸 열차로 여행하면서 민중의 습관을 고치도록 하는 것과, 필요할 때마다 철도 당국에 자주 불편한 점을 이야기하는 것이다. 그렇게만 하면 반드시 개선될 것이다.

고칼레는 내가 뭄바이에 자리를 잡고 변호사 일을 하며 자신의 활동을 도와주기를 원했다. 고마운 일이었으나 아직도 내게는 변호사로서의 지난날의 패배가 기억 속에 또렷하게 남아 있었다. 더욱이 소송사건을 얻으려고 아첨하는 것은 독약을 먹는 것처럼 싫었다. 그래서 우선 소송사건을 얻어다 줄 사람이 있는 라지코트에서 개업했다가 후에 자신이 좀 생겼을 즈음 뭄바이로 자리를 옮기기로 했다.

처음 계획했던 대로 겨우 자리를 잡았을 때, 뜻밖에 남아프리카로부터 즉시 돌아오라는 전보를 받았다. 그들은 곧 여비를 보내왔고 나는 남아프리카로 향했다. 남아프리카에서 할 일은 1년이면 족할 것이라 생각했기에 가족은 그대로 인도에 남겨 두었다. 아내와 아이들과 헤어지는 것과 이제 막 자리를 잡기 시작한 사업을 중지하는 것, 이 모든 것이 한동안 고통스러웠다.

다시 남아프리카로

전쟁으로 트란스발은 폐허가 되어 있었다. 우리는 처음부터 다시 일을 시작해야 했다. 그러나 트란스발 내에 있는 프리토리아로 가는 데 필요한 법적 서류를 구할 수가 없었다. 식량이나 의복을 구하는 문제는 더 말할 필요도 없었다. 트란스발의 상점들은 텅텅 비었고 장사를 다시 하려면 꽤 오랜 시간이 걸릴 것만 같았다. 피난민도 상점에 식량이 준비되기 전에는 돌아갈 수가 없었다. 때문에 트란스발 사람도 입국 허가증을 얻지 않으면 그 땅에 들어갈 수가 없었다. 당연히 인도인이 입국 허가증을 얻기는 훨씬 더 어려웠다.

전쟁 기간 동안 인도나 실론*에서 많은 장병들이 남아프리카로 건너왔는데, 그들 중 거기에 그대로 정착하려는 사람에게는 영국 당국이 정착을 주선해 주어야 했다. 그러자 눈치 빠른 백인들이 하나의 새로운 기관을 만들어 놓았다. 내가 트란스발에 도착했을 때 이미 그런 기관이 문을 열고 있었는데 인도인들은 이 기관에다 입국 신청을 해야 했다. 그런데 트란스발로 들어가려는 사람이 많아지자 거간꾼도 차차 늘어서 가난한 인도인들로부터 엄청난 돈을 뜯어 가고 있었다.

한마디로 '백'이 없으면 입국 허가를 받을 수 없었다.

나는 옛 친구인 더반 경찰서 서장에게 허가증을 부탁하여 겨우 프리토리아로 갈 수가 있었다. 그 신설 기관의 백인 관리들은 내가 어떻게 트란스발로 들어왔는지 의아해했다. 뿐만 아니라 내게 이루 말할 수 없는 심한 모욕을 주었다. 그렇지만 나는 그 모욕을 참으며 앞으로 1년은 인도에 돌아가지 않고, 이 신설 아시아 담당 기관을 상대로 일을 하리라 결심했다. 먼저 프리토리아, 요하네스버그에 있는 인도인들과 토론을 한 후, 인도인의 권리를 위한 투쟁을 위하여 요하네스버그에 사

실론 인도 대륙 남부 해상에 있는 섬나라 스리랑카의 당시 이름이다. 실론은 18세기 말부터 영국의 식민지로 있다가 1948년에 독립하여, 1972년에 나라 이름을 스리랑카로 바꾸었다.

무실을 차렸다. 요하네스버그는 그 신설 기관 관리들의 본거지였는데, 이 관리들은 아시아인들을 보호하기는커녕 학대하고 있었다. 내가 만약 이 같은 악을 몰아내지 못한다면 트란스발에서의 내 삶은 의미가 없었다.

나는 아시아인 학대의 증거를 모으기 시작했다. 어느 정도 증거가 모이자 곧장 경찰 국장을 찾아갔다. 그는 공정한 사람이었다. 내 이야기를 다 듣고 증거물도 살펴보았다. 유색인이 백인을 재판할 재판관을 구하기가 매우 어렵다는 것을 그는 잘 알고 있었다. 그러나 그는 이렇게 말했다.

"해 봅시다! 재판관이 무죄 판결을 할까 두려워 그런 범죄자들을 내버려 둔다는 것은 옳지 않은 일이니까요. 나 또한 철저히 조사해 보겠습니다."

우리는 힘을 합하여 두 명의 백인 관리인을 재판장에 세웠다. 재판을 받았지만 예상대로 그들은 무죄로 석방되었다. 너무나 실망스러웠다. 법률가란 직업에 구역질이 났다. 경찰 국장도 대단히 분개했다. 그러나 그 두 관리의 범죄가 너무나 명백했으므로 정부도 그들을 내버려 둘 수가 없었다. 그들은 면직되었다. 즉 관직에서 쫓겨난 것이었다. 그리하여 아시아 담당 기관은 청렴해질 수가 있었고 인도인도 어느 정도 안심하고 살 수 있게 되었다.

그 관리들이 나쁜 짓을 하긴 했지만 나는 개인적으로 그들을 조금도 미워하지 않았다. 나중에 그들이 요하네스버그 시청에 취직할 수 있는 기회가 생겼는데 내가 반대하지 않아야 그들이 취직을 할 수 있었다. 나는 반대하지 않았다. 나의 행동이 그 백인 관리들을 감동시켰고, 덕분에 우리들은 좋은 사이가 되었다. 그때는 그것이 나의 천성이란 것을 알지 못했다. 나중에야 그것이 사티아그라하의 진리요, 아힘사의 속성인 것을 알았다. 죄를 미워하되 죄인은 미워하지 말라는 교훈은 쉽지만 실천하기는 참으로 힘들다. 이 아힘사야말로 진리 탐구의 기초이다. 아힘사를 기초로 삼지 않는 한 진리 탐구는 아무런 의미도 없다는 것을 나는 매일매일 느끼고 있다.

여러 가지 일을 하느라 다양한 사람들과 접촉하다 보니 사람과 사람 사이에 '차이'란 없다는 것을 알게 되었다. 그러나 아내는 그렇지 못했다. 더반에서 개업하고 있었을 때였다. 판차마(불가촉천민 중의 하나) 태생의 기독교인이 우리 집에 머무른 적이 있었다. 당시 우리 집은 서양식이었으나 하수 시설이 제대로 되어 있지 않았다. 그래서 방마다 요강을 두었는데 그 요강 닦는 일을 남에게 시키지 않고 나와 아내가 맡아서 하고 있었다. 아내는 다른 사람들의 요강은 대충 청소했으나 판차마였던 그 사람이 사용한 요강을 닦는 일은 참을 수가 없는 듯했다. 드디어 싸움이 일어나고 말았다. 그때의 광경이 지금도 눈에 선하다. 요강을 들고 층계를 내려오는 아내의 눈에는 노기가 서려 있었고 눈물이 두 뺨을 타고 흘러내렸다. 나는 냉정했다. 아내가 억지로가 아닌 기꺼이 그 요강을 치우는 모습을 보고 싶었다. 그래서 목소리를 높였다.

"내 집안에서 그런 모양을 하다니, 참을 수가 없군."

그 말이 화살처럼 아내의 가슴을 찔렀던 모양이었다. 평소와는 달리

아내도 맞받아쳤다.

"당신 집에서 혼자 잘 사세요. 난 가겠어요."

나는 매몰차게 아내의 팔을 이끌고 가 문밖으로 밀어냈다. 아내는 눈물을 흘리며 울부짖었다.

"부끄러운 줄 아세요. 나보고 어디로 가라고 그러는 거예요? 여기는 나를 받아 줄 부모도 친척도 없어요. 아내니까 그저 당신의 주먹질, 발길질도 다 참아야 하는 줄 아세요?"

나는 태연한 척했으나 너무나 부끄러웠다. 아내가 나를 떠날 수 없다면 나도 아내를 떠날 수 없다. 우리는 수없이 많은 다툼을 했지만 대단한 인내심을 가진 아내가 언제나 이겼다.

당시 아직 종교적 금욕 생활에 접어들지 못했던 나는 아내란 남편에게 무조건 복종하는 것이지, 행복과 불행을 같이하는 동반자라고는 생각하지 못했다. 그러나 이제 나의 아내 카스투르바이는 너무나 익숙한 친구 같다. 고맙게도 아내는 아주 좋은 천성을 타고났다. 그것은 대부분의 힌두 아내들이 어느 정도는 다 가지고 있는 것인데, 기쁠 때나 슬

플 때나 남편에게 순종하는 것을 의무로 알았고, 남편이 하는 일을 가로막는 일도 하지 않았다. 배움의 차이는 컸지만 우리 가정은 언제나 만족스러웠고 행복했다.

그 무렵 《인디언 오피니언》을 펴내자는 제의가 들어왔다. 나는 진심으로 찬성했다. 그 신문이 나오기 시작한 것이 1904년인데, 나는 내 시간의 대부분을 그 신문에 바쳤다. 논설란도 내가 직접 썼다. 이 신문에 투자할 생각은 없었는데, 얼마 가지 않아 재정적 도움 없이는 신문 발행을 계속할 수 없게 되었다. 나는 내가 가진 돈을 쏟아부었다. 결국 내가 저축한 돈까지 몽땅 털어 넣게 되었다. 그렇지만 다시 생각해 보면 그 신문이 사회를 위해 많은 봉사를 했던 것 같다.

나는 매주 기고란에 심혈을 기울였고, 최선을 다하여 사티아그라하의 원리와 실천에 관한 해설 기사를 썼다. 10년 동안, 그러니까 내가 감옥에 들어가 어쩔 수 없게 되었을 때를 제외하고는 1914년까지 논설을 건너뛴 적은 한 번도 없었다. 글자 하나라도 생각 없이 썼다거나 단순히 흥밋거리를 주려고 일부러 과장되게 쓴 적도 없었다. 신문은 내게 있어 친구들과 나의 사상을 교류시키는 매개체였다. 나아가 계급과 인종을 초월한 인간성 연구의 훌륭한 도구이기도 했다.

독자들의 심정을 토로하는 편지가 홍수처럼 밀려들었다. 호의적인 편지도 있었지만 비판적이며 신랄한 것도 있었다. 이 모든 편지들을 일일이 검토하고 회답하는 것이 내게는 좋은 교육이었다. 사티아그라하 운동은 《인디언 오피니언》 없이는 불가능했을 것이다.

인도의 불가촉천민은 인도인에게 봉사하면서도 마을에서 멀리 떨어진 외딴곳에 추방되어 따로 살고 있다. 오늘날에는 우리가 이 남아프리카에서 불가촉천민이 되어 버렸다. 옛날 유대인들은 자기네만이 하나님의 자손이라고 주장했다. 그 결과 그들의 자손은 부당한 모욕까지 받았다. 마찬가지로 힌두교 신자들은 자기만이 귀한 사람이라 생각하고, 자기네 혈통 중의 일부를 불가촉천민이라 여겼다. 비약하는 것 같지만, 그 보복이 남아프리카에 있는 힌두교 신자만이 아니라 이슬람교*

이슬람교 – 7세기 초에 아라비아의 예언자 마호메트(이슬람어로 '무하마드')가 완성시킨 종교로, 그리스도교·불교와 함께 세계 3대 종교의 하나이다. 유일신 알라를 믿으며, 경전은 《코란(이슬람어로 '쿠란')》이다.

간디 자서전
》》》》》》》》 나의 진리 실험 이야기

신자, 조로아스터교* 신자에게까지 떨어졌다.

남아프리카에서 우리는 '쿨리'라는 불쾌한 이름을 얻었다. 그리고 쿨리가 사는 지역은 '쿨리 지역'이라 불렸다. 쿨리 지역이란 말에는 불가촉천민 구역과 같은 뜻이 내포되어 있었다. 이 구역 안의 사람은 자꾸 느는데 땅은 그대로여서 전체 인구가 엄청났다. 시 당국의 위생 관리는 구역 안의 화장실이나 대충 청소하는 수준이었다. 주민의 안녕 따위는 관심도 없었다. 남아프리카로 간 인도인들은 대부분 무식하고 가난한 농사꾼들이었

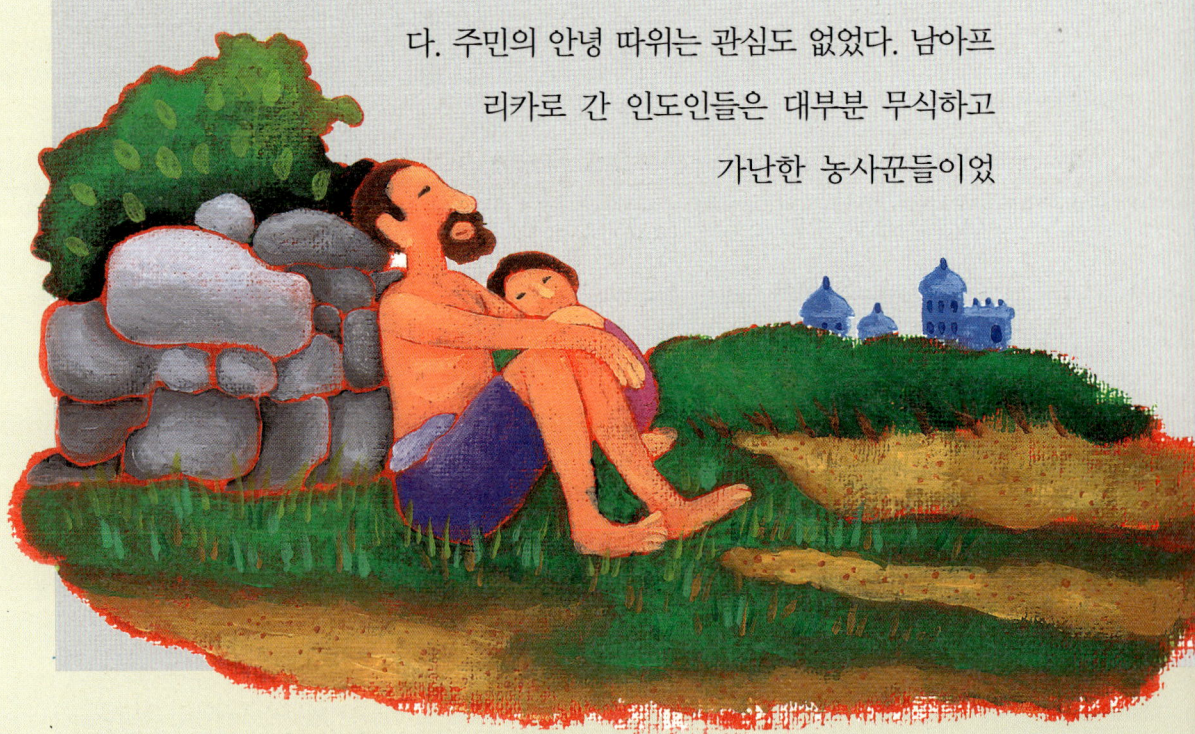

조로아스터교 불을 신성시하고 유일신 아후라 마즈다를 예배하던 고대 페르시아의 종교로, 경전은 《아베스타》이다.

다. 그들은 시 당국에 무엇을 항의하고 요구해야 하는지, 또 그러기 위해서는 어떻게 해야 하는지도 몰랐다. 시 당국의 태만과 인도인들의 무지가 쿨리 지역을 더럽고 지저분한 곳으로 만들어 버렸다.

그 무렵 갑자기 흑사병*이 퍼졌다. 나는 강경한 논조의 글을 신문에 발표해서 시 당국이 쿨리 지역 청소를 게을리 한 것을 탓했다. 전염병의 발생에 대하여 시 당국이 책임져야 한다고 주장하기도 했다.
그 글에 관심을 보인 헨리 폴락 씨를, 나는 우연히 한 채식 식당에서 알게 되었다. 나는 폴락 씨와 아주 가까워졌다. 내가 나탈로 여행 갈 일이 생기자 그가 역까지 나와 전송해 주면서 가는 동안에 읽으라고 책 한 권을 주었다. 러스킨의 《이 나중 온 자에게도》였다. 그는 내가 그 책을 틀림없이 좋아할 것이라고 했다. 러스킨의 책을 읽은 것은 그때가 처음이었다. 책을 읽기 시작하자 나는 손에서 내려놓을 수가 없었다.
요하네스버그에서 더반까지는 스물네 시간의 긴 여행이었다. 그날 밤

흑사병 14세기 중엽 전 유럽에 크게 유행하여 많은 사람들의 목숨을 앗아 갔던 전염병으로 페스트라고도 한다. 쥐, 다람쥐나 또는 그 짐승에 기생하고 있는 벼룩 등이 옮긴 균에 의해 일어난다.

잠을 이룰 수가 없었다. 나는 그 책에 따라 살기로 결심했다. 사실 나는 교과서 이외에는 거의 아무것도 읽지 않았고, 독서할 시간도 그리 많지 않았다. 그래서 책에 대한 지식이 별로 없었다. 오히려 그 한정된 독서량 때문에 내가 읽은 몇 안 되는 것을 완전하게 흡수할 수 있었다. 이 책은 내게 즉각적이고 실천적인 변화를 가져왔다. 나는 이 책의 교훈을 이렇게 이해했다.

1. 개인의 행복은 전체의 행복 안에 있다.
2. 변호사나 이발사나 그 직업의 가치는 똑같다. 모든 사람이 다 똑같이 자기 직업으로 살아갈 권리가 있기 때문이다.
3. 노동자의 생활, 즉 밭을 갈고 무언가를 손으로 만들어 내는 것만큼 보람된 생활은 없다.

첫 번째 것은 알고 있었다. 두 번째 것도 어렴풋하게 알고 있었다. 그러나 세 번째의 것은 이제껏 생각한 적이 없었다. 《이 나중 온 자에게도》라는 책은 두 번째와 세 번째를 실천하면 첫 번째의 것을 이룰 수가 있다는 것을 분명히 알려 주고 있었다. 날이 밝자마자 나는 그것을 실천에 옮길 준비를 하였다.

나는 '인디언 오피니언' 사무실을 피닉스의 한 농장으로 옮겼다. 그리고 그곳에서는 모든 사람이 노동을 하며 함께 생활비를 부담하기로 했다. 1904년 그렇게 피닉스 정착이 시작되었고 나는 그곳에서 신문을 발간했다. 정작 그곳에 정착을 하긴 했지만 내가 그곳에 머무른 시간은 얼마 되지 않았다. 나는 그것이 늘 불만스러웠다. 내 본래의 바람은 변호사 일을 그만두고 정착단 속에 살면서, 육체 노동으로 내 생활비를 벌고 피닉스의 완성을 위해 봉사하며 즐거움을 느끼는 것이었다. 요하네스버그에 가서 나는 폴락 씨를 만나 피닉스 정착단 이야기를 해 주었다. 그는 자기가 빌려 준 책 《이 나중 온 자에게도》가 그렇게 큰 열매를 맺게 된 것을 알고 무척이나 기뻐했다. 폴락 씨는 다니던 신문사를 그만두고 피닉스로 와서 나의 일을 도와주었다. 이제 나는 가까운 시일 안에 인도로 돌아갈 수 없다는 것을 깨닫고 가족들을 모두 남아프리카로 데려왔다.

1914년 남아프리카에서의 사티아그라하 투쟁이 끝나자, 나는 고칼레로부터 런던을 경유해 본국으로 돌아오라는 지시를 받았다. 그해 7월에 아내와 함께 영국을 향해 뱃길에 올랐다. 때는 1차 세계대전* 중이었다. 나는 영국에 거주하는 인도 유학생들도 전쟁에서 자기가 할 수 있는 일을 해야 한다고 생각했다. 영국인 학생들은 자원해서 군에 복무하겠다고 나섰다. 인도 유학생들도 그래야 한다고 생각했다. 이 의견에 많은 반대가 있었다.

나도 인도인과 영국인 사이에 신분의 차이가 있다는 것을 알고 있었다. 그렇지만 그것은 영국 체제의 잘못이라기보다는 영국 관리 개개인의 잘못이기에 사랑으로써 고칠 수 있다고 믿었다. 영국의 곤경을 우리의 기회로 삼아서는 안 되고, 전쟁 중에는 우리의 요구를 강요해서도 안 된다고 생각했다. 나는 지원병을 모집하러 돌아다녔다.

1차 세계대전 1914년 7월 28일 오스트리아가 세르비아에 선전포고를 하면서 시작되어, 1918년 11월 11일 독일의 항복으로 끝난 세계 전쟁이다. 영국·프랑스·러시아 등의 연합국과 독일·오스트리아·이탈리아의 동맹국이 양 진영의 중심이 되어 싸웠다.

내가 인도인들과 함께 전쟁에 종군했다는 소식이 전해지자 폴락 씨로부터 전보가 왔는데, 그는 나의 행동이 아힘사 정신에 일치하는 것이냐고 물었다. 물론 전쟁에 참가하는 것은 아힘사 정신에 일치하지 않는다. 그러나 아힘사는 포괄적인 진리다.

영국에 있을 때 영국 함대의 보호를 받았고 그 힘 아래 내 몸을 숨길 수 있었다. 그런 영국을 도울 수 있는 방법은 종군밖에 없다고 생각했다. 그리고 전쟁에서 영국을 돕는 것이 나와 내 동포의 지위 향상을 꾀하는 결과가 되기를 바랐다. 내 입장이 옳다는 것을 모든 친구들에게 수긍시킬 만한 능력이 내게는 없었다. 견해의 차이가 얼마든지 있을 수 있었다. 미묘한 문제였다.

간디 자서전
>>>>>>>> 나의 진리 실험 이야기

인도에서의 사티아그라하

인도로 돌아왔을 때 나의 몰골은 이제 영락없는 가난뱅이 차림이었다. 남아프리카에 있는 동안 내 옷차림은 계약 노동자들과 비슷해졌다. 뭄바이에 상륙할 때는 모두 인도 천으로 만든 옷에 흰 스카프 차림이었다.

내가 영국을 거쳐 인도로 오는

160

동안 피닉스 정착단 사람들 중 나를 따르던 사람들이 먼저 인도에 도착해 있었다. 우리는 일단 시인 타고르가 세운 산티니케탄 아슈람*에서 지내기로 했다. 타고르는 우리 일행에게 커다란 사랑을 베풀어 주었다. 피닉스 가족은 피닉스에서처럼 모든 규칙을 철저히 지켰다. 언제나 그랬듯이 교사와 학생들이 한데 어울려서 자립 생활에 관한 토론을 벌였고 음식을 손수 만들어 먹으며 자립 생활의 실제 교육을 행했다.

산티니케탄에 머무른 지 일주일도 안 되어 고칼레가 죽었다는 전보를 받았다. 우리는 온통 슬픔에 빠졌다. 아슈람의 모든 가족들이 내게 조의를 표했다. 고칼레의 죽음은 국가적인 손실이었다. 인도에서 공적 생활이라는 폭풍우 치는 바다를 항해하려면 나에게는 믿을 만한 키잡이가 절실히 필요했다. 나는 고칼레가 그런 키잡이라고 믿고 있었다. 이제 그가 가 버렸으니 나 혼자 버텨 나가야만 했다.

산티니케탄에서 나와서 아메다바드에 아슈람을 시작했을 때였다. 얼

아슈람 일종의 정신적 공동체로서 하나의 구역 안에 한 무리의 사람들이 공동체 생활을 하면서 정신적 향상을 꾀하는 곳이다.

마 지나지 않아 한 불가촉천민 가족이 우리 아슈람에 들어오고 싶어 했다. 나는 기꺼이 그들을 받아들였다. 그러나 그 때문에 아슈람에 대한 외부의 재정적 원조가 모두 끊어져 버렸다. 돈이 떨어져 먹을 것조차 바닥이 났다. 그러던 어느 날 한 무슬림 신사가 차 안에서 나를 만나고 싶어 했다.

"나는 아슈람을 돕고 싶습니다. 제 도움을 받아 주시겠습니까?"

"받고 말고요. 솔직히 지금 형편이 아주 어렵습니다."

그는 내 손에 1만 3천 루피나 되는 돈을 쥐어 주고는 얼른 가 버렸다. 그 뒤 그 신사는 한 번도 아슈람에 온 일이 없었다. 뜻밖의 큰 원조로 어려운 고비를 잘 넘길 수 있었다.

불가촉천민으로 인한 어려움은

아슈람 내부에서도 있었다. 내 아내나 다른 여자들은 불가촉천민이 아슈람에 머무는 것을 과히 좋아하지 않았다. 드러내 놓고 싫어하지는 않았지만 그들을 아주 냉정하게 대했다. 재정적인 어려움보다 그것이 더 걱정스러웠다. 내가 이 가족을 아슈람에 들인 것은 불가촉천민 제도를 묵인할 수 없었기 때문이었다.

그 뒤 나는 비하르 주 참파란의 인디고 농장에서 불합리한 제도에 얽매여 있는 농부들을 위한 투쟁과, 터무니없이 많은 소작료 때문에 고통받는 케다 지역의 농부들을 위한 투쟁을 하면서 사티아그라하를 실천했다. 이 투쟁에 대한 기록은 각각 《참파란 사티아그라하의 역사》와 《케다 사티아그라하》에 담겨 있다.

1차 세계대전이 끝난 어느 날, 전쟁이 끝났음에도 불구하고 전쟁 중의 엄격한 규제를 계속한다는 롤라트 위원회의 보고문을 신문에서 읽었다. 재판 없이도 인도인을 투옥시킬 수 있다는 것이 그 주요 내용이었다. 나는 뭔가를 해야만 했다. 우선 몇 사람만이라도 반대 서명을 하고, 그 보고문이 법안으로 통과되면 사티아그라하 투쟁을 해야 한다고 생각했다.

롤라트 보고문에 대한 반대 운동은 신속히 번져 나갔다. 시위가 한창 확대되어 가고 있는 중에 정부는 롤라트 법안*을 발표해 버렸다. 우리는 날마다 투쟁 방안에 대해 토론을 벌였다. 법안이 통과되어 법률로 확정되면 그때는 어떤 식으로 정치적 불복종을 행할 것인가? 너무나 막막했다.

1919년 3월 롤라트 법안이 법령으로 공포되었다. 그날 밤에도 나는 계속 그 문제를 생각하다가 잠이 들었다. 날이 밝아 올 무렵 평소보다 조금 일찍 잠이 깼다. 몽롱한 가운데 갑자기 하나의 생각이 떠올랐다. 전국적인 파업을 호소해야겠다는 생각이었다. 사티아그라하는 자기 정화 과정이다. 우리가 하는 일은 하나의 '성전(聖戰)'이었다. 나는 전 인도의 민중들에게 일을 하루 쉬면서 단식과 기도만 하자고 호소했다. 1919년 4월 6일, 전 인도가 완전 파업을 하였다. 그것은 정말로 놀라운 광경이었다. 하지만 정부는 우리의 비폭력 저항을 무력으로 탄압하

롤라트 법안 영국 의회가 인도에 조사위원회를 파견했고, 이 위원회에서는 전쟁 중에 만들어진 전시 비상 입법을 대체할 새로운 법안을 제시했다. 위원회의 위원장 '시드니 롤라트'의 이름을 따서 이 법안을 '롤라트 법'이라 했다.

기 시작했다. 한편 펀자브에서도 무자비한 탄압이 있었다.* 나는 그곳에 가고 싶었지만 총독이 허락하지 않았다. 내가 펀자브로 들어간다면, 거기서 벌어지는 분노의 감정이 격양될 위험이 크다는 이유였다. 훗날 영국의 만행(암리차르 대학살 사건)을 조사하기 위해 그곳에 도착했을 때 철도역은 온통 사람들로 들끓고 있었다. 인도 민중에게 가해진 영국의 만행을 조사하면서 전해 들은 영국 정부의 폭정과 관리들의 횡포에 나는 가슴이 미어졌다. 영국 정부가 그들의 권력 유지를 위해 우리에게 얼마나 비인간적이고 야만적인 행동을 했는지 너무도 똑똑히 잘 알게 되었다.

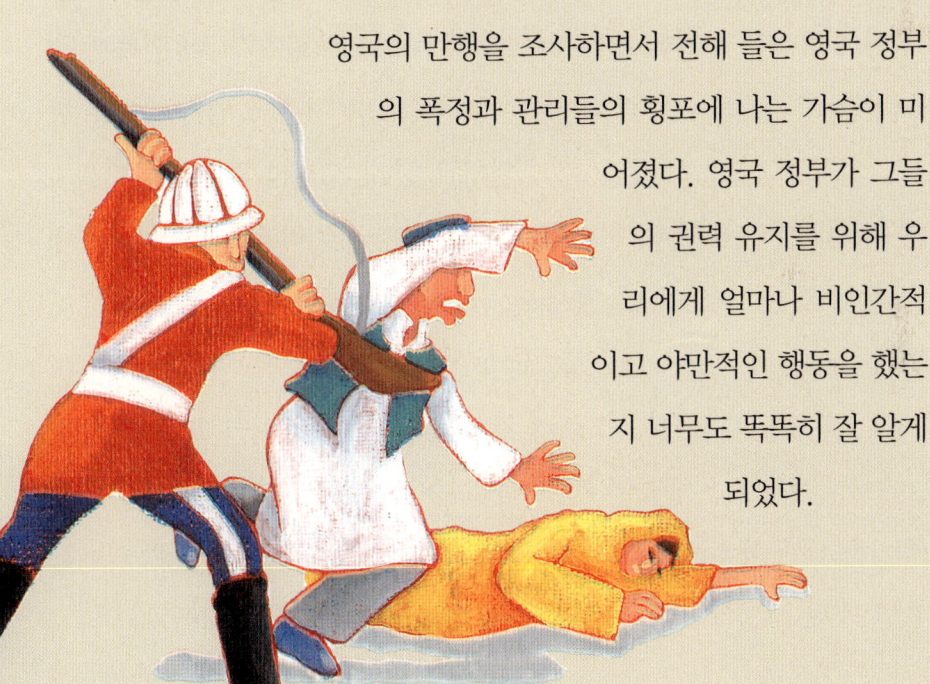

* 암리차르에서 벌어진 인도인 대학살 사건을 가리킨다.

인도 국민회의에서 대영제국에 대한 보복으로 영국 상품을 배척하자고 했다. 그것이 즉각적인 보복 방법은 아니었다. 1908년 인도의 심각한 빈곤을 구제하는 방법으로 손베틀과 물레를 이야기한 적이 있었다. 당시 손으로 짠 옷감인 카디는 아직 자리를 잡지 못한 상태였다. 내 도티*는 그때까지 인도 방직공장 천으로 만든 것이었다. 그러나 이제 우리의 목적은 순전히 우리 손으로 만든 천으로 옷을 지어 입자는 것이었다. 그러므로 아슈람 가족들은 방직공장의 제품도 입지 않기로 했다. 인도 무명실로 짠 옷을 지어 입기로 했다. 오로지 물레로만 만들자는 생각이었다. 아울러 물레를 돌리는 것은 굶주리고 거의 실업 상태에 놓여 있는 인도 여성들에게 일거리도 주는 것이라고 생각했다.

이제 내 생활은 세상이 모르는 것이 없을 만큼 공적인 것이 되었다. 1921년 이후로의 생활은 인도 국민회의를 통한 것들이 대부분이다. 때문에 내가 계속해서 이 글을 써 내려간다면 그 지도자들과의 관계를 말할 수밖에 없다. 그러나 그렇게 하고 싶지는 않다. 이 이야기는 여기

도티 인도인들이 허리에서부터 걸치는 긴 천.

서 끝내는 것이 좋겠다. 나는 지금까지의 나의 진리 실험을 존중한다. 그것을 제대로 적었을지는 모르겠으나 나는 나의 진리 실험을 있었던 사실 그대로 기록하기 위하여 최선을 다했다. 그렇게 하는 것이 내 마음이 편했다.

내 경험은 진리 이외에 다른 신은 없다는 확신을 주었다. 이 모든 글은 진리를 실현하도록 하는 아힘사의 실천이었다.

물론 내가 아무리 진지하게 아힘사 실천을 위해 노력했다 할지라도 아직은 완벽하지 않을 것이다. 어쨌거나 당분간은 독자와 이별을 해야겠다. 나는 진리의 신께 아힘사의 은총을 내려 주시길 기도 드린다. 이 기도에 다 같이 참여해 주길 바란다.

사진으로 본 간디 이야기

간디는 어린이를 어른의 아버지라 생각했대요!

형(왼쪽)과 함께한, 소년 간디

젊은 날의 간디 부부예요.

남아프리카에서는 변호사, 나탈 인도회의 지도자, 또 전쟁 시엔 의무병으로 활동했죠.

간디는 누구나 아는 유명인사이지만 정신적 생활 공동체인 아슈람 안에 있는 이렇게 단촐한 집에서 살았어요.

영국인 대표, 인도인 대표들과 함께 인도의 인권 문제, 독립 문제를 토론하는 자리에도 열심히 참여했어요.

간디는 불가촉천민들의 인권 개선을 위한 행진과 기금 모금 운동에도 앞장을 섰지요.

연설을 위해서 많은 사람들 앞에 나선 간디, 멋지지요!

그 유명한 소금 행진 때의 간디! 소금 행진은 가난한 인도인에게 소금세까지 걷는, 영국의 악법에 대한 비폭력 저항입니다.

간디가 태어난 나라 '인도'

인도는 말이지요,
남부 아시아에 위치하며, 정식 명칭은 인도 공화국입니다. 수도는 뉴델리이고요, 주로 힌디어를 쓰고, 영어를 공용어로 합니다. 안타깝지만, 영어 사용은 인도가 영국의 오랜 식민 지배를 받았다는 증거이기도 해요.

모헨조다로의 거대한 공중 목욕탕, 오랜 인도 역사의 증거입니다.

아잔타 석굴에 있는 '붓다' 조각

인도는 티그리스-유프라테스강 유역 국가, 중국, 이집트와 더불어 세계 4대 문명의 발상지이자, 불교가 처음 생긴 곳이기도 합니다.

인도에는 사람이 참 많아요. 세계에서 인구가 가장 많은 나라는 중국이고요, 바로 그 다음이 인도예요.
우와, 갠지스강에 모인 사람들을 좀 봐요! 바글바글~~~

인도 사람들이 아주 소중하게 생각하는 '갠지스'

인도는 오래된 역사만큼이나 종교도 많은데, 인도 사람들은 대부분은 힌두교를 믿고 그 다음으로 이슬람교를 많이 믿어요.

이슬람 사원! 둥그런 지붕과 건물 주위의 첨탑이 퍽 인상적입니다.

힌두 사원은 건물 벽에 힌두 신과 관련된 아름다운 조각이 새겨져 있어요.

우리나라 사람들도 아주 좋아하는 카레, 바로 인도 음식입니다.

식민지 시절, 영국인들은 '기분이 나쁘다'라는 말 대신 '카레다!'라고 했대요.

황제가 사랑하는 왕비를 위하여 지었다는 타지마할 묘당도 바로 인도에 있어요. 건축가들은 타지마할 묘당을 최고의 이슬람 건축물로 뽑기도 합니다.

타지마할, 참 아름답지요!

1869년   인도 포르반다르에서 신앙심 깊은 어머니와 너그러운 아버지 사이에서 태어나다.
1882년   열세 살이라는 어린 나이에 이웃에 살고 있던 카스투르바이와 결혼식을 올리다.
1888년   변호사가 되기 위해 영국 유학 길에 오르다.
1891년   변호사 자격을 얻고 인도로 귀국하여 변호사로 개업하다.
1893년   '다다 압둘라' 회사의 소송 처리를 위해 남아프리카에 첫발을 딛다.
1894년   '나탈 인도회의'를 설립하여 인도인에 대한 선거권 박탈 법안에 반대하는 투쟁을 펼치다.
1896년   가족을 데려오기 위해 인도에 가다. 이때 '녹색 팸플릿'을 발간하다.
1897년   남아프리카로 돌아가다.
1899년   보어전쟁이 발발하다. 간디는 인도인 의무 부대를 조직하여 영국인 부상병을 도와주다.
1901년   인도에 일시 귀국하다.
1902년   보어전쟁이 끝난 후에도 인도인에 대한 차별 대우는 여전히 개선되지 않았고, 간디는 다시 남아프리카로 돌아가다.
1904년   러스킨의 《이 나중 온 자에게도》를 읽고 큰 감명을 받은 간디는 피닉스 농장을 설립하여 노동을 통한 자급자족의 삶을 시작한다. 주간신문 《인디언 오피니언》을 창간하다.
1906년   줄루족의 반란이 일어나자 간디는 또다시 인도인 의무 부대를 조직하여 영국을 도와주다. 트란스발의 '인도인 등록법' 수정 법령에 반대하는 운동을 전개하고 이를 위해 영국을 방문하지만 별 성과 없이 돌아오다.
1908년   인도인 등록법에 반대하는 투쟁을 전개하다.

연표

- **1909년** 남아프리카 인도인들의 처우 개선을 위해 두 번째로 영국을 방문하다. 이때 톨스토이와 편지를 주고받다. 영국에서 남아프리카로 돌아오는 배 안에서 《힌두 스와라지》를 쓰다.
- **1910년** 톨스토이 농장을 세우다.
- **1915년** 22년 만에 인도로 완전히 돌아오다.
- **1919년** 롤라트 법의 철회를 요구하며 동맹 파업을 주도하다. 비극적인 '암리차르 대학살'이 발생하다. 《영 인디아》(영어 판)와 《나바지반》(구자라트어 판)을 발행하다.
- **1920년** 전국적인 사티아그라하를 전개하다.
- **1924년** '코하트 대학살' 발생하다. 힌두교도와 이슬람교도 사이의 폭력 사태를 참회하는 뜻에서 3주간의 단식을 감행하다.
- **1925년** 《나바지반》에 자서전 '나의 진리 실험 이야기'를 연재하기 시작하다.
- **1930년** 아메다바드에서 단디에 이르는 400킬로미터의 대장정인 '소금 행진'을 하다.
- **1931년** 제2차 원탁회의에 참석하기 위해 영국에 가다.
- **1933년** 《영 인디아》를 《하리잔》으로 개명함과 동시에 불가촉천민 제도 개선을 위한 노력을 경주하다.
- **1944년** 감옥 생활을 하던 중 아내 카스투르바이 사망하다.
- **1947년** 인도와 파키스탄으로 분리, 독립하다. 간디는 힌두교와 이슬람교의 화해를 위해 동분서주하다.
- **1948년** 힌두교도의 손에 의해, 간디 암살당하다.